21世紀の生涯学習と余暇

高齢者の生涯学習と地域活動

瀬沼克彰

学文社

まえがき

近年、中高年の学習プログラムを提供する組織の人に会って話を聞くと、大学公開講座、カルチャーセンター、NPOの担当者は、一様に受講者集めが厳しくなって、数がとれないと訴える。詳しく聞いてみると、この数年で五％、場合によると一〇％程度減少しているというのである。

収入が伸びなくて家計が苦しくなったことも影響しているがそればかりでなく、学習へのニーズが、単なる教養ものや趣味的学びはもう十分に満足したので、学びの先にあるものを求めはじめているように思える。つまり、何かをするために学ぶ、行動の引き金にするために学ぶ、経済活動を有利にしたいなどの声が強くなっている。

これまでにも、このように考えて活動している人は存在したが、その数は、きわめて少なく、例外的な存在であった。しかし、近年、明らかに急速に増加してきたのである。こうした活動の変化に、私は、この数年注目していたので、努めてこの事実の社会的背景、先進的事例、活動内容、などの情報を収集したいと思って各地を調査して歩いた。

高齢者の地域を拠点とした活動は、内閣府『高齢社会白書』によると健康、スポーツ、趣味、教育・文化、環境改善などに分けられる。また、所属する団体でみると、町内会・自治会（四一％）、趣味サークル（二〇％）、老人クラブ（一五％）が多く、市民活動団体（三％）、シルバー人材センターなど就労団体（二％）は少ない。

高齢者の地域活動の現状は、端的にいえば、従来の受身的な学習を主体として、地域の団体に名前だけは加入して消極的にかかわっているといえるだろう。しかし、近年この状態では、楽しくないし、生きがいを感じるところまでは到着しないことがわかってきた。ようやく、積極的なかかわりを求める行動が出てきている。

本書では、このような変化の境目を社会的背景、高齢者の意義、行動パターン、などを記述しておきたい。また、このような変化に対応しつつある自治体、民間団体、学界の動きもとらえておきたいと思った。こうしたねらいのもとに、五章立てで、本書を次のような構成とした。初出掲載を記しつつ概略を紹介しておくことにする。第一章　高齢者の地域活動は、この活動の概念規定をして、①現状と課題、②国のとり組む施策について述べた。この二本は書き下ろしである。③余暇と地域活動は、能率増進センター『公務員のための退職準備』二〇〇九年五月、④高齢社会における生涯学習は、『新老年学事典』東京大学出版会、二〇一〇年一月に執筆したものである。

第二章　社会参加と生きがいづくりは、①高齢者の仲間づくりによる生きがいが、健康生きがい開発財団『同名報告書』二〇〇九年三月、②団塊世代以降の社会貢献に関する意識、③各地の社会参加の意識調査の比較分析が、同財団『同報報告書』二〇一〇年三月、④高齢者の地域活動を応援するが、町田市『季刊まちひと』二〇一〇年六月に加筆、⑤シニアの生きがいをめぐる研究会は、書き下ろしである。第三章　各地のシルバー大学の内容、第四章　地域活性化のための事業展開は、いずれも現地取材に基づいた書き下ろしである。

第五章　地域活動を促進するためにでは、①エイジレスライフ実践者の活動が、内閣府『いきいき人生』二〇〇九年七月・一二月、②シニアが地域で活動する方法が、八王子市『シニア元気塾報告書』二〇〇九年・二〇一〇年三月、『さくらの森ニュース』二〇〇九年四月、③地域活動の活発化のためには書き下ろし、④余暇関連文献目録が『余暇学研究』二〇〇九年三月の書き下ろしである。

本書は、以上のように、すべて、この一年、二年の間に執筆した論稿で構成した。高齢者の生涯学習は、本書で多面的に考察してきたように、受身的な学習から、行動するための準備にすることが強まっている。この歩みは、現状では、まだ細い糸かもしれないが、これから急速に太くなっていくだろう。本書が、こうした問題意識をもつ人のハンドブックになってくれたらと願っている。最後に、本書の刊行に理解をしてくださった学文社の三原多津夫氏、編集をしてくれた二村和樹氏にお礼を申し上げたい。

二〇一〇年七月

瀬沼　克彰

目次

第一章　高齢者の地域活動

一　社会参加の現状と課題

高齢者の社会参加の全体像についてみることにしたい。社会参加は、大別すると仕事と地域活動の二つに分けることができる。これまで高齢者の社会参加というと、ともすると後者が主体で前者は除外されることが少なくなかった。しかし、現在では、前者がより重要になってきている。

そこで、ここでは仕事について、現状を内閣府の『高齢者白書』をはじめとして、諸々の調査を引用して把握してみることにした。後に、二〇〇九年一二月にあいついで発行された『高齢者の生活実態に関する調査結果』『高齢者の地域社会への参加に関する意識調査』を参照して、地域活動の現状について概観してみることにしたい。

1　高齢者の社会参加活動

高齢者の社会参加で、これからますます大事になってくるのは、「働くこと」になってきている。

かつては、六〇歳になれば、企業も従業員も退職することが当たり前のように考えられていた。しかし、時代は大きく変わった。

最近の調査を引用すると、五七〜六〇歳を対象に定年後何歳まで働きたいかという質問に、大多数が六五歳まで（四一・七％）、七〇歳まで（一六・二％）、何歳になっても（二四・八％）働きたいと回答している（高齢・障害者雇用支援機構の平成一九年意識調査、五七〜六〇歳の「定年後も働きたい」との回答者の集計）。

「働く意欲のある高齢者が増えることが医療費を減らし、若者の負担を減らし、年金プラスαで消費を活発化する」と前東大総長で三菱総合研究所の小宮山宏理事長は発言する。成功例として挙げるのが〝夢はビジネス〟で稼ぐ徳島県上勝町の事例である。この町は、県内で高齢化率は県内トップだが、住民一人当たりの医療費は、最低水準とのことである（産経新聞二〇一〇年二月一三日）。

高齢者が就労するためには、就労の準備をしなければならない（内閣府『高齢社会白書』平成二一年版）。

健康・体力づくり	四四・四％
就労したいがない	二一・六
人的つながりの確保	一六・八
パソコンの取得	一三・〇
資格の取得	六・一

新しい技術の取得　四・九
外国語　三・二
就労したくない　二〇・二

前述『白書』は事例として、以下の三事例をレポートしている（五六〜五九頁）。

① 働くこと、千代田区の人材派遣会社平成一二年からガス機器の点検、修理、定期検針の請負い登録社員三三〇人。平成二〇年売上げ三億円、平均　週三日働く、月八〜一〇万円。

② 豊田市㈱三州足公社　平成二年からレストラン、鉱泉浴場、（ハム、ソーセージ、パン）従業員九〇名のうち半数が高齢者。販売額一億円。

③ 足利市給食センター　昭和三七年〜。高齢者、障害者の雇用昼食サービス、フルタイムから二時間勤務を選択。

高齢者の所得は、全世帯と比べて、どのように違うかを調べてみると、一九八五年で二一〇万円、一九九八年三三六万円、二〇〇七年二九九万円と推移している。全世帯のほうは、それぞれ、四九三万円、六五〇万円、五五六万円である。両者ともバブル時代と比べると、近年、そうとう減少している。後者の所得がかなり少ないことに気づかされる（厚生労働省『国民生活基礎調査』二〇〇八年）。

こうした所得水準で、暮らし向きについて、「ほぼ毎月赤字」（一三・五％）、「ときどき赤字」（二六・九％）、「ほとんど赤字にならない」（三三・九％）、「まったく赤字にならない」（二五・八％）という分布である。「赤字にならない」割合が、六割に達していることが意外に思える。事実は、もう少し低いのではないだろうか（前述『白書』二〇頁）。また、所得の分布について、以下の割合である（前述『白書』二二頁、前者全世帯・後者高齢者）。一〇〇万円未満（六・二％、一五・三％）、一〇〇〜二〇〇万円（一一・七％、二三・九％）、二〇〇〜三〇〇万円（一二・九％、二一・七％）、三〇〇〜四〇〇万円（一三・二％、一七・六％）、四〇〇〜五〇〇万円（一〇・六％、九・一％）、五〇〇〜八〇〇万円（二三・三％、八・三％）、八〇〇万円以上（二二・一％、三・七％）など五〇〇万円を境にして、全世帯と高齢者の所得が大きく違っている。つまり、高齢者の所得が五〇〇万円以上の人が一二％ときわめて低くなっているのである。

それゆえに、経済生活を維持するために、高齢者の社会参加は、「働くこと」が今後は現状以上に重要になってくる。しかし、十分な年金を得ている人は働いて収入を得ることを重視しないだろう。この場合は、主たる生活の舞台は職場ではなく、職域から地域にもどっていくことになる。すなわち、地域を活動拠点とした社会参加ということである（表1－1）。

また、参加状況についての調査を引用してみることにする（表1－2）。

この表1－2から気づくことは、「参加したこと有り」の人が意外に少ないように思う。ただ、一九九八年と二〇〇八年と比べると、約一六ポイントを「活動したこと有り」が増加していることは、大変意外である。こんなに増加しているのだろうかという感想をもった。個別の活動でみると、健康、スポーツ、地域行事、教育、文化などの増加率が高い。

だが、活動の場所でみると、カルチャーセンター（七・六％）、公共機関、大学公開講座（四・八％）、

表1-1 ユニークな高齢者の支援事例

自動車学校のスクールバス無償利用	豊田市 平成14年から，パスカード交付者1259人，年間利用者6892人。
60歳入社定年なしの会社	小川村の㈱小川の庄 従業員86名 おやきの製造販売 昭和61年スタート。
定年制の廃止	鎌ヶ谷市の部品メーカー，従業員の勤務時間を個々の希望で決める。
生涯現役夢追望	北九州市 平成18年から，団塊世代を対象。基礎課程（全10回）専門（全20回）定員60名，受講料5万円 NPOコース，コーチングコース，コミュニティビジネスコース，企業コース。
天神町商店街「なごやか寄合事業」	松江市 空き店舗を利用してコミュニティ施設平成10年オープン。ボランティア2名が常勤。(22名登録)
助産院とデイサービス（いのちの応援舎）	高松市 出産・子育て支援，高齢者の支援の複合施設 平成18年開所。
高齢者の支え合いネットワーク	小樽市と蘭島 メンバー20名 給食サービス，話し相い手，日常生活の相談，支援。

資料出所：内閣府『高齢社会白書 平成20年版』，66～73頁から作成

表1-2 グループ活動の参加状況

	1988年	2008年
参加したこと有り	43.7%	59.2%
健康，スポーツ	18.3	30.5
趣味	17.1	20.2
地域行事	12.3	24.4
生活環境改善	6.7	10.6
教育，文化	6.4	9.3
高齢者支援	5.0	5.9

資料出所：内閣府『高齢者の地域社会への参加に関する意識調査』2008年

公共機関の高齢者教室（四・二%）、通信教育（四・〇%）、大学、大学院への進学（〇・四%）などの参加状況である。これらの割合を低いとみるか低くないとみるか見方は分かれる。現在の学習の場から判断すると、これほど多くの高齢者は参加していない。なぜ、意識調査がこんなに高く出るのか不思議に思う。

2　生活実態について調査

本調査は、全国の六〇歳以上の男女五〇〇〇人を対象に個別面接聴取法によって行い、六八・〇%の回収をした。調査時期は、二〇〇九年二～三月であり、調査内容は、①現在の健康状態、②暮らし、③社会生活、④公共サービスの利用、⑤職業と収入、⑥人生経験、⑦家族の七項目である。①の健康状態では、下記のように、年齢階層によって、明確に差が出ていることがわかる。つまり、年齢が上っていくにしたがって、健康が「あまりよくない」割合が増えている。

通院についても、六〇歳以上で平均六八・一%という割合になっているが、六〇代前半（五三・七%）、六〇代後半（六五・二%）、七〇代前半（七五・五%）、八〇代以上（八〇・九%）という割合が出ている。

次に、暮らしについてみると、全体で「大変苦しい」（七・二%）、「やや苦しい」（一九・二%）、「普通」（六五・二%）、「ゆとりある」（八・五%）という割合である。家計の赤字についてみると、全体で「ほぼ毎日」（四〇・四%）、「赤字にならない」（五九・六%）という割合であるが、「赤字率」は、六〇代前半では四七・三%であるが、八〇歳以上になると二四・九%と低下する。赤字にならない割

図1-1　従事している職業

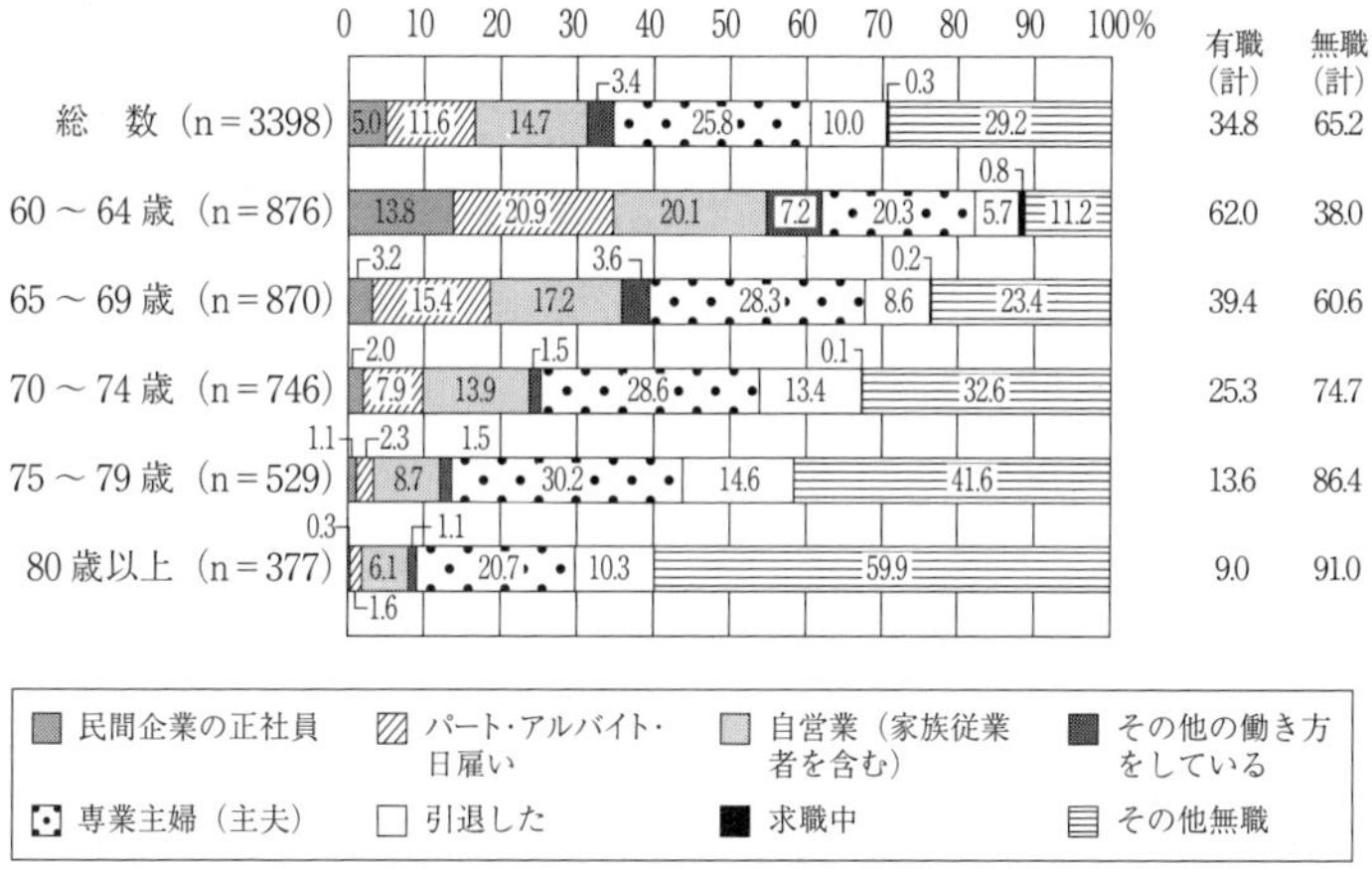

合が、七五・一%と増加する。これは、加齢と共に出費が少なくなる結果ということであろう。

日頃の趣味やスポーツ活動をしている割合は、「している」でみると、種目別では、以下のようになる。

友人とのつきあい（八六・五%）
趣味、スポーツ（五四・〇）
町内会、老人会（四九・八）
ボランティア（二八・五）

病気のときや一人でできない家の周りの仕事の手伝いで頼れる人について、同居の家族（七六・七%）、別居の家族（四一・五%）、近所の人（二三・七%）、友人（一二・三%）、その他（二・八%）という割合である。

職業と収入に関する事項について、仕事をしている内容を聞いている。総数でみると、有職は三四・八%、無職は六五・二%である。当然のことだが、年齢によって大きく異っている。たとえば、六〇代前半では、有職、無職の割合は、六二・〇％、三八・〇％であるが、八〇代以上になると、九・〇％、九一・〇％ということになる。有職の場合の内容が興味深い。

総数でみると、正社員（五・〇％）は少なく、パート・アルバイト（一一・六％）、自営業（一四・七％）、その他の働き方（三・四％）、主婦（二五・八％）、引退・無職（三九・四％）となっている。正社員という割合は、五％とまことに少ない。

年齢別にみると、正社員は、六〇代前半では、一三・八％であるが六〇代後半になると、三・二％に減少し七〇代前半で二・〇％、後半で一・二％、八〇代で〇・三％と少くなる。パート・アルバイトの割合も、六〇代前半（二〇・九％）、六〇代後半（一五・四％）となっているが、七〇代に入ると、前半七・九％、後半二・二％と落下する。そこへいくと、自営業の割合は、六〇代前半（二〇・一％）、後半（一七・二％）、七〇代前半（一三・九％）、後半（八・七％）、八〇代（六・一％）と数字の落ちないことに驚かされる。主婦も含めて、無職の割合が六五歳以降に急激に増加していくのはしかたがないことと受けとめないといけないのだろう。

一カ月当たりの家計支出については、図1－2を引用したい。

総数でみると、一〇万円未満（六・八％）、一〇～一五万円未満（一三・一％）、一五～二〇万円未満（一五・六％）、二〇～二五万円未満（二一・二％）、二五～三〇万円未満（十三・五％）、三〇万円以上（二一・二％）という分布である。平均支出額をみると、総数で二二万円であるが、八五歳以上の一六万円を除いて、高齢期の年齢階層と支出額は、あまり相関していなくて、ほとんど金額の変

図1-2　年齢別月額収入

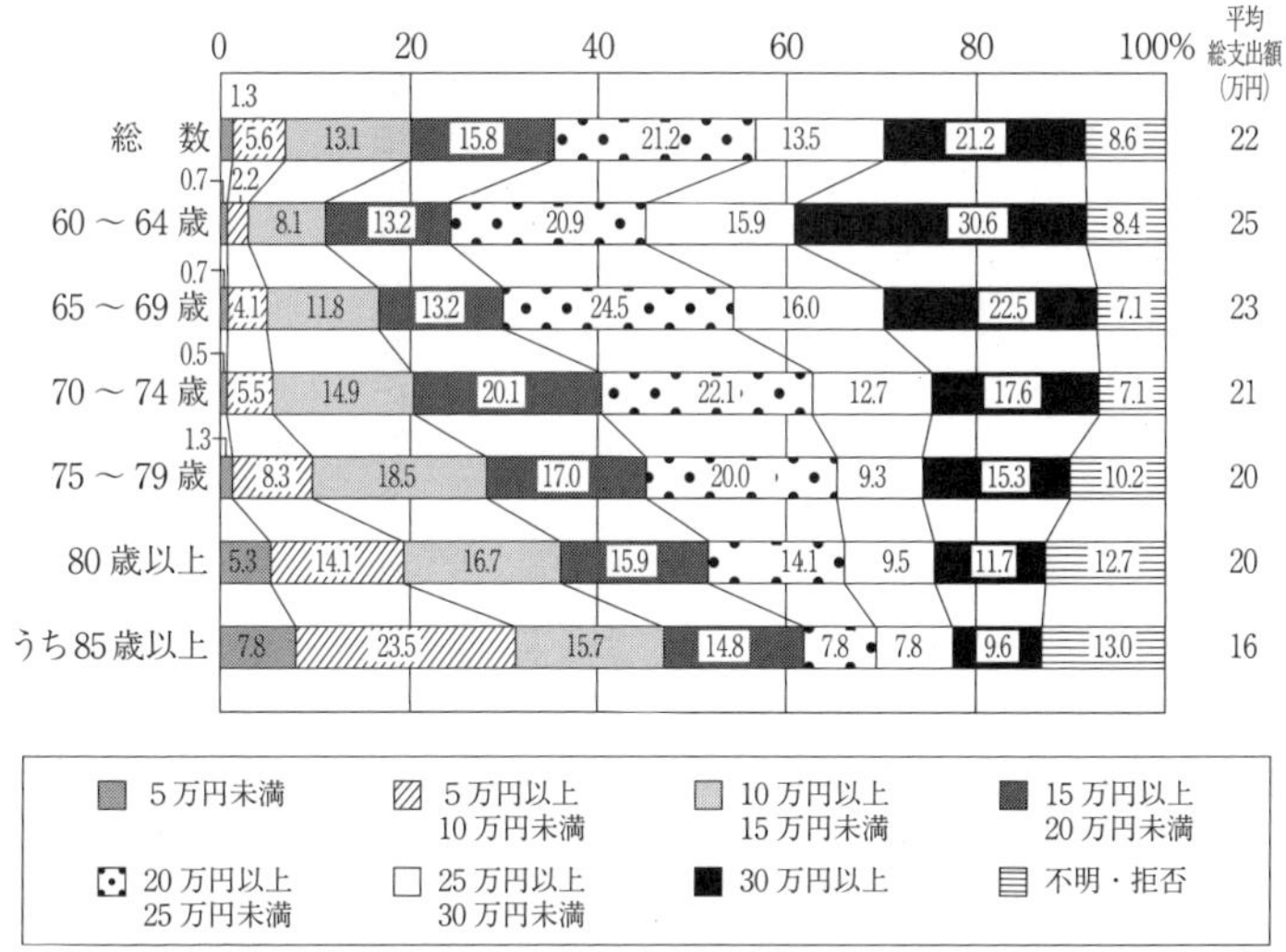

化はないとみることができる。

　高齢者の支出にみる住宅費、光熱費、食費、衣服費などを除いたこづかいの出費を探ってみたいと思う。ここで気づくこととして、「出費なし」という割合が意外に多かった。ローンの支払（八一・四%）、預貯金（五三・二%）は当然として、「趣味、娯楽」（二二・二%）、交際費（一〇・九%）が「出費なし」というのは、やや意外に感じた。高齢期のゆとり、うるおいという視点でみると、このあたりの出費は不可欠だと思うのである。だから、ちょっとぜいたくをすれば、月当たり三万円以上はかかってしまうので、その割合は、高齢者全体の一〇%に満たないのである。具体的にいうと、旅行、行楽、本・映像、観劇などの費用は出てこないであろう。

　最後に、家族に関する事項を聞いている。全体では、一人（一一・一%）、二人（四四・三

%）、三人（二一・五%）、四人（九・五%）、五人以上（一三・六%）となっている。一人暮らしの割合は、男性の場合、年齢にあまり関係なく、七〜九%という割合になっているが、女性の場合は、六〇代は、一〇・二%と低いが、七〇代後半になると一九・七%、八〇代になると二一・二%と高くなる。

3　地域社会の参加に関する意義

この調査は、全国の六〇歳以上の男女五〇〇〇人を対象に、調査員による面接聴取法を行い、有効回収率六五・九%をとった。調査事項は、①健康状態・日常生活に関する事項、②地域社会に参加するための環境に関する事項、③社会参加活動についての実態と意識に関する事項、④地域活動についての考え方に関する事項、⑤世代間交流についての実態と意識に関する事項、の五項目である。

①の健康状態、日常生活について、現在の健康状態が「良い」と回答した九二・七%の人は生きがいを感じているが、「良くない」と回答した人は五〇・〇%にとどまっている。親しい友人、仲間をもっている人は九三・六%が「生きがい」を感じていると回答しているが、もっていない人は四二・九%と低い回答になっている。近所づき合いについて、「親しくつきあっている」は、過去の調査と比べると二〇〇八年（四三・〇%）、二〇〇三年（五二・〇%）、一九八八年（六四・四%）と減少傾向にある。地域に友人をもっている割合は、一割程度で現在高くない。心配事や悩みごとの有る人は六二・九%で、その内容は、「自分の健康」（三八・八%）、「配偶者の健康」（二三・〇%）、「経済的なこと」（一四・八%）、「一人暮らしの孤独」（九・九%）、「病気などの時に、面倒みてくれる人がい

ないこと」（八・四％）などである。

②の地域社会に参加するための環境については、日常生活の活動について以下のようになる。テレビ・ラジオ（七五・五％）、新聞・雑誌（五二・六％）、趣味・娯楽（四一・七％）、仲間の集まり（二三・五％）、家族の団欒（三一・五％）、軽い運動・スポーツ（二九・三％）、飲食・ショッピング（二四・八％）、日帰り・行楽（一八・一％）、孫と遊ぶ（一七・二％）、地域や社会のための活動（一二・〇％）、インターネット（八・〇％）。次に、家族や友人との連絡、情報収集に使う機器では、携帯・PHS（男性六〇・六％、女性五二・五％）、ファックス（一八・八％、一四・九％）、パソコン（一九・二％、八・三％）と男女によって若干変わっている。親しい友人・仲間の有無でみると、携帯・PHSは、六四・一％、三三・八％、ファックスでは、二三・〇％、五・八％、パソコンは、一七・七％、三・九％と内容でかなり数字が違ってくる。

③の社会参加活動についての実態と意識で、まず参加の状況は、一九九三年と二〇〇八年を比べると、四二・三％から五九・二％へと増加している。活動種目では、健康・スポーツ（平成一五年一八・九％、平成二〇年三〇・五％）、地域行事（九・九％、二四・四％）、趣味（一七・九％、二〇・二％）、生活環境改善（六・六％、一〇・六％）、教育・文化（四・七％、九・三％）、安全管理（三・五％、七・一％）、生産・就業（三・九％、七・一％）となっている。

これらの活動に入っていくきっかけは、「友人、仲間のすすめ」（三九・三％）、「町会・自治会の誘い」（三三・三％）の影響が強い、「特に力を入れて参加している団体」について過去の調査と比較すると、「町内会・自治会」（平成二〇年二九・四％、昭和六三年二三・〇％）、趣味のサークル（一九・七％、一一・四％）、健康・スポーツ団体（一四・九％、七・四％）、老人クラブ（一〇・七％、三一・七％）など、老人クラブの落ち込みも大きい。

④の地域活動についての考え方では、報酬問題を聞いている。

	一九九三年	二〇〇八年
・受けとるべきでない	二七・五％	四六・三％
・交通費など実費は受けてよい	四五・〇	三七・〇
・謝礼目当を受けてよい	九・八	六・一
・わからない	一三・八	九・〇

報酬について、近年、受けるべきでないという割合が増えているのは、経済状況の厳しい時代にその理由がよくわからない。

⑤の家族以外での世代間交流について、有無を聞いている。その結果は経年的にみても、「有る」割合はあまり増減はみられない。

	一九九三年	二〇〇八年
・よくある	二四・一％	二四・六％
・たまにある	三〇・一	三〇・八
・ほとんど無い	三八・一	二八・八
・全く無い	七・七	一八・三

しかし、「無い」ほうは、「全く」がとても増えていて、「ほとんど」のほうが大きく減少している。

これを見て世代間交流は、進行しているとはいえないであろう。

若い世代との交流機会について、参加意向は、一九九三年と二〇〇八年で比較すると、四六・六％から六二・四％へと増加している。交流機会については増やしたいという意向が高まっているといえる。

二　国の生涯学習施策の動向

生涯学習に対する国の対応は、どういう状況になっているのだろうか。税収の減少、借金八〇〇兆円という額になって、すべての施策、事業が見直し、再構築を迎えている。この一〇年間、一年間に五％の減少率で今日に至っている。したがって、新規事業は、ほとんどむずかしくなっている。

ここでは、文科省の生涯学習関連の事業を予算規模、二〇一〇年度の個別事項、近年、とくに重視されるようになった学校、家庭、地域の連携事業と、それ以外の事業について概要を把握してみたい。これらの生涯学習施策が中央教育審議会生涯学習分科会で答申された「新しい公共」という方策がどのように取り入れはじめていることも検証してみることにしたい。

1　文部科学省の生涯学習関連予算

文科省生涯学習局の予算は、毎年五〜六本の主要事項という組み方をしてきた。たとえば、二〇〇六年度でみると、以下の六項目である。（合計五五七億円）

一　教育改革推進のための調査研究（四八億円）
　　全国学力・学習状況調査の実施（一一五億円）
二　放課後子どもプランの創設（六六億円）
三　地域の教育力の再生（二六億円）
四　家庭の教育力の向上（一三億円）
五　再チャレンジに資する教育の推進策（一一九億円）
　　放送大学の運営（一〇六億円）
六　生涯にわたる学習機会の推進（六九億円）
　　所管施設の運営（五二億円）

二〇一〇年度は、三項目に、まとめているが、これまで三本柱というのは、きわめて珍しいことである。二〇〇六年度と比較してみると、一は、二〇一〇年度の一の(5)と二の(1)に、二、三、四は、一に、五は、一の(1)に、六は、三に再構成されている。したがって、一見すると、大きく変わってしまったように見えるが、実際には、あまり変わっていない。ただ、長期的にみると、従来の生涯学習施策の中心にあった成人や高齢者の予算が減少して、確実に子ども関連の予算が増加している。

子ども関連の予算を二〇〇六年でみると、一〇五億円で全体の一九％であったが、二〇一〇年度は、一三〇億円三三％と増えている。また、所管機関の予算は二〇〇六年度で二〇二億円で三六％、二〇一〇年度は、一七〇億円で、四三％に達している。残りの予算が従来からの生涯学習局の予算とする

表1-3　平成22年度予算（案）事項

（単位：百万円）

分　類	前年度予算額	22年度予算(案)額	比較増△減額	事　項
1. 学校・家庭・地域の連携協力の推進等	21,457	17,083	△4,374	(1)学校・家庭・地域の連携協力推進事業　13,093（14,261） ①学校支援地域本部事業 ②放課後子ども教室推進事業 ③家庭教育支援基盤形成事業 ④地域ぐるみの学校安全体制整備推進事業 ⑤スクールカウンセラー等活用事業 ⑥スクールソーシャルワーカー活用事業 ⑦スクールヘルスリーダー派遣事業（新規） ⑧帰国・外国人児童生徒受入促進事業（新規） ⑨豊かな体験活動推進事業（新規） ⑩専門的な職業系人材の育成推進事業（新規） (2) ICTの活用による生涯学習支援事業　185（183） (3)消費者教育推進事業（新規）　44（0） (4)社会教育による地域の教育力強化プロジェクト（新規）　119（0） (5)生涯学習施策に関する調査研究　等　3,643（7,013）
2. 教育改革の推進	402	450	48	(1)中央教育審議会　等　72（95） (2)基幹統計調査　等　378（307）
3. 生涯学習政策局所轄・所管基幹	17,086	16,389	△697	(1)国立教育政策研究所　3,710（4,024） (2)放送大学学園　9,045（9,311） (3)独立行政法人国立科学博物館　3,044（3,120） (4)独立行政法人国立女性教育会館　590（630）
生涯学習政策局　計	38,945	33,922	△5,023	

※計数はそれぞれ四捨五入しているため，合計と一致しない。
資料出所：生涯学習政策局

と、二〇〇六年度は、二二〇億円で四五%、二〇一〇年度は、八九億円で二四%と減少している。この予算で、従来から継続してきた各課の施策が続けられるのかどうか、大いに心配である。

超緊縮な

予算の組み方であるが、乏しいなかでも新規事業を組まなくてはいけない。そこで登場してきたのが、学校・家庭・地域の連携協力推進事業のなかで以下の四事業がある。

① スクールヘルスリーダー派遣
② 帰国、外国人児童生徒受入促進
③ 豊かな体験活動推進
④ 専門的な職業系人材の育成推進

子ども関連以外の新規事業は、以下の二本である。

① 消費者教育推進
② 社会教育による地域の教育力強化プロジェクト

2 個別の事項の内容

「学校・家庭・地域の連携協力推進事業」は、予算（表1－3）でみたように、一〇項目の事業から成り立っている。全体の予算は、一三〇億円で、「地域の実情に応じ自治体が選択し、自主的に行う学校・家庭・地域の連携協力のための様々な取り組みを支援し、社会全体の教育力の向上を図ること」を目的としている。

自治体の補助率は三分の一、政令指定都市、中核市が対象である。以下で一〇の事業の概要をみていくことにする（概算要求主要事項説明を参照）。

① 学校支援地域本部事業

地域住民がボランティアとして、学校の教育活動を支援する本部を設置し、地域全体で学校教育を支援する体制づくりを支援する（一六二〇カ所）活動例として、授業で教員を補助、部活動の指導、校内環境整備、通学路の安全指導、学校行事の支援があげられている。参加してもらう地域住民のなかで、スポーツ、文化団体に所属し経験や技能をもつ人が対象である。

② 放課後子ども教室推進事業

○学校の余裕教室や校庭等を活用し、地域の大人の協力を得て、放課後等における子どもたちの安全・安心な活動拠点（居場所）を確保

○子どもたちを対象にさまざまな体験活動や地域住民との交流活動等を実施し、社会性や規範意識、自主性、創造性等の豊かな人間性を育む（教育活動による人格形成）

○家庭の経済力等にかかわらず、学ぶ意欲がある子どもたちに学習機会を提供（学力向上・格差是正）

○地域の子どもたちと大人の積極的な参画・交流による地域コミュニティーの充実（地域の「絆」づくり）、地域の教育力の向上

○活動に参画し、教え学び合うことで、大人の生涯学習、学習成果の活用の場を確保し、生涯を通じて学ぶ意欲を喚起（生涯学習による知の循環型社会の形成）

（補助率は国三分の一、都道府県三分の一、市町村三分の一、実施箇所九九七八カ所）

③　家庭教育支援基盤形成事業

身近な地域において、すべての親が家庭教育に関する学習や相談ができる体制が整うよう、地域人材の養成・活用、学校等との連携による持続可能な仕組みをつくり、地域全体で家庭教育を支援。具体的事業として、「子育てサポーターリーダー養成、家庭教育支援チームの組織化（サポーターリーダー、民生委員、保健師などが連携）、学習機会の提供」がある。

【講座例】
○小学校入学時講座
○思春期の子どもの心の理解
○父親の家庭教育参加促進事業
○携帯電話やインターネットに関する有害情報対策

悩みや不安をかかえる親、仕事に忙しい親などに情報提供や相談に応じる（九〇〇〇カ所）。

④　地域ぐるみの学校安全体制の整備推進事業

警察官ＯＢなど防犯の専門家をスクールガード・リーダーとして配置し、子どもの登下校時などの安全確保を行うスクールガード（学校安全のボランティア）との連携や指導およびスクールガードの参加促進などの取り組みを支援する。

【箇所数】　スクールガード・リーダーの配置　四五〇〇人（小学校五校に一人）　等

このほかに、リーダーの養成講習会、スクールガード（学校安全ボランティア）の養成講習会、各地域の子どもの見守り活動支援も行う（四五〇〇地域）。

⑤　スクールカウンセラー等活用事業

児童生徒の臨床心理に関して高度に専門的な知識・経験を有する「スクールカウンセラー」や児童が気軽に相談できる相談相手として「子どもと親の相談員」等を配置するとともに二四時間体制の電話相談を実施し、教育相談体制の整備を支援する。

（スクールカウンセラーの配置　小学校：三六五〇校→一万校、中学校：一万二八校　等）

「スクールカウンセラー」は、臨床心理に関して高度な専門知識をもつ者。「子どもと親の相談員」は、教員のＯＢ、警察官ＯＢなどの地域の人材を活用する。

⑥　スクールソーシャルワーカー活用事業

教育分野に関する知識に加えて、社会福祉等の専門的な知識・技術を用いて、児童生徒のおかれたさまざまな環境に働きかけて、支援を行うスクールソーシャルワーカーを配置し、教育相談体制の整備を支援する（六六カ所、一〇五六人）。

○スクールソーシャルワーカーの職務内容等

教育と福祉の両面に関して、専門的な知識・技術を有するとともに、過去に教育や福祉の分野において、活動経験の実績等がある者。

①　問題をかかえる児童生徒がおかれた環境への働きかけ

②　関係機関等とのネットワークの構築、連携・調整
③　学校内におけるチーム体制の構築・支援
④　保護者、教職員等に対する支援・相談・情報提供
⑤　教職員等への研修活動　等

⑦　**スクールヘルスリーダー派遣事業（新規）**

経験の浅い養護教諭の一人配置校や未配置校に退職養護教諭を派遣し、児童生徒の多様化する現代的な健康課題に対する指導助言を行うなどの取り組みを支援する（スクールヘルスリーダーの配置二四〇〇校）。

⑧　**帰国・外国人児童生徒受入促進事業（新規）**

就学前の外国人の子どもへの初期指導教室（プレクラス）の実施、域内の学校への日本語指導の際の補助や学校と保護者との連絡調整等を行う際に必要な支援員の配置等による、帰国・外国人児童生徒の公立学校への受入体制の整備を支援する（六〇地域）。

具体的には、渡日後、外国人に対する学校説明会、就学相談、入学前や入学直後、日本の学校生活への適応指導、日本語指導、入学後に学校で日本語指導、放課後の補充、学習などが予定される。

⑨　**豊かな体験活動推進事業（新規）**

児童の豊かな人間性や社会性を育むために小学校で三泊四日以上の自然のなかでの集団宿泊活動を推進する取り組みを支援する（活動実施三三〇校）。

事業内容は、「子ども農山漁村交流プロジェクト」として、自然体験活動を行う小学校の取り組みに補助を行う。

⑩　**専門的な職業系人材の育成推進事業（新規）**

社会や地域のニーズに応じて、スペシャリスト育成のための先導的な取り組みを行う専門高校や、専門高校と地域産業界が連携して、地域産業を担う専門的職業人を育成する地域を支援する（三二校、三三地域）。

具体的には、専門高校の特色あるカリキュラム、特徴出願、技術・技能の習得を支援したり、地域産業の担い手育成プロジェクト（生徒の現場実習、教員の現場研修、企業との共同研究など）を支援する。

3　学校・家庭・地域以外の生涯学習支援事業

消費者庁関連三法の審議において、消費者安全法による消費者教育が盛り込まれた。しかし、学校教育および社会教育での実践が不十分なので、以下の事業が予定されている（主要事項説明参照）。

(1)　消費者教育推進委員会の開催　四〇〇万円

学識経験者、教育関係者等からなる委員会を設置し、学校教育および社会教育における消費者教育のあり方について検討を行うとともに、大学および社会教育において消費者教育を行う際の教育指針を作成する。指針の作成に当たっては、先進的な事例の収集や試行的な実施を含む調査研究の成果を反映させる。

(2)　国内外の取組調査　六〇〇万円

国の内外における消費者教育に関する先進的な事例を収集し、調査研究を行う。

(3)　試行的実施による効果検証（大学六カ所、女性団体六カ所）　二九〇〇万円

消費者被害の状況からとくに取り組みが必要な大学生および中高年女性への消費者教育に関する効果的な内容および方法を検討するため、大学等の協力を得て試行的な実施（連続講座研修）を行い、その効果を検証する。

(4)　研究成果の還元　五〇〇万円

国の内外における先進的な取り組みや、試行的実施による効果検証等の成果を広く還元するために、事例集の作成・配付を行うとともに、消費者教育にかかわる関係者を対象とした研究協議会を開催する。

社会教育における地域の教育力強化、事業の趣旨については、以下のことが記述されている（主要事項説明参照）。

地域のかかえる課題に対する効果的な取組事例の収集・提供や社会教育の振興方策の相談体制を整備する一方、地域の自主性に任せていては実施されない恐れがあるテーマを具体的に指定して、地域の課題解決に役立つ仕組みづくりのための実証的共同研究を行い、地域が課題を解決する力の強化を図る。

事業の内容については以下の二項目がみられる。

①　地域の社会教育振興に関する相談・支援体制の整備　一二〇〇万円
各地域で活躍する社会教育分野の有識者や実践活動者等を、社会教育アドバイザーとして委嘱し、国および社会教育アドバイザーが、地域の効果的な取組事例情報の収集・提供を行うとともに、社会教育の振興方策に関する相談に応じ、現地に赴いて情報提供・助言を行うなど、地域における社会教育活動を支援する。

②　社会教育により地域協働の仕組みづくり実証的共同研究　一億七〇〇〇万円
国および社会教育アドバイザーが参画し、公民館等の社会教育施設や大学、企業、ＮＰＯ、地方公共団体等の連携により、環境保護、人権擁護、高齢者支援、効果的ネットワーク化の推進、地域支援人材の養成など、社会における重要なテーマであるが、地域の自主性に任せていては実施され

ない恐れがあるテーマを具体的に指定して、地域の課題解決に役立つ仕組みづくりのための実証的共同研究を行う。このことにより、社会教育に関する基礎的研究の基盤を整備するとともに地域が課題を解決する力の強化を図る。

○ＩＣＴの活用による生涯学習支援事業

内閣府の『生涯学習に関する世論調査』（二〇〇八年）によると、ＩＣＴを活用した活動をしてみたいという人は三〇・九％となっている。これを受けて、事業として、生涯学習コンテンツの制作を行い、多様なメディアを活用して、コンテンツを配信する。

また、ＩＣＴを活用した国内外の先進的な生涯学習推進施策等に関する調査研究を行い、地方自治体に広く成果を共有することもねらいとしている。その具体的内容は、以下の事例である。

・地域においてＩＣＴを活用して学習活動を推進する基盤の形成に関する調査研究
・地域における情報リテラシー育成のためのカリキュラム開発に関する調査研究
・最先端のＩＣＴ機器・システムを活用した新しい生涯学習の方法の開発に関する調査研究
・教育の情報化の実態に関する調査
・外国においてＩＣＴを活用した先進的な生涯学習推進施策等に関する調査研究

４　新しい公共の実現

政府は、二〇〇九年一二月の閣議決定で「新成長戦略（基本方針）」を出した。この方針では、従来の政府が市場に社会問題を解決を任せるのではなく、地域でさまざまな社会的ネットワーク（多くの人々の参加、一人ひとりの潜在力の発揮）を解決策として重視した。なかでも、地域ネットワークをボランティアや社会貢献活動だけでなく、地域の雇用創出、コストが低く満足度の高い社会の実現をめざしている。かつては、行政と市場原理による民間企業が中核で、残りの力が及ばない部門に住民主体のボランティアや地域貢献が位置づけられていた。

しかし、新しい公共は、新たなコストの低い地域雇用を出してきたことに、新しい解決策を求めている。これは、当たり前のことだが、大変な進歩だと思う。このことについて、雇用、人材戦略は、次のように述べられている。

国民すべてが意欲と能力に応じ労働市場やさまざまな社会活動に参加できる社会（「出番」と「居場所」）を実現し、成長力を高めていくことに基本を置く。（中略）また、官だけでなく、市民、NPO、企業などが積極的に公共的な財・サービスの提供主体となり、教育や子育て、まちづくり、介護や福祉などの身近な分野で活躍できる「新しい公共」の実現に向けて、円卓会議を設けて、民間（市民、NPO、企業等）の声を聞きつつ、本格的に取り組む。

これを受けて、文部科学省は、生涯学習政策局としての「新しい公共」の視点で、坂東久美子局長が次のように述べている（『社会教育』二〇一〇年度四月号　五頁）。

教育における「新しい公共」としては、学校を核として地域住民が教育を支援する取組がある。現在、学校支援地域本部や放課後子ども教室などの整備が進みつつあるが、これはその仕組みの一つである。（中略）このような仕組みが十分に機能するためには、コーディネーターや支援ボランティア等の「人」を得ることが重要であるが、学校を拠点とする取組であっても、公民館・図書館等と連携することにより、そこで培われた地域人材のネットワークの活用や子どもに関わるための学習機会を充実させることが可能になる。このように、地域の教育支援体制の強化にも、社会教育施設の財産が大いに活用されることが期待されるところである。

また、中央教育審議会生涯学習分科会は、「社会教育施設が核となる場合の「新しい公共」の展開イメージを次のように描いている。

○政府、自治体の役割

学校教育を通じた「新しい公共」文化の醸成や、それを支える制度の整備を実施

○制度の整備

・寄附税制の在り方

・「新しい公共」が公共サービスを担うための規制の緩和・最低限の質保証のための規制の導入

・学習・活動への評価枠組み

・成果の地域還元・共有

○文化の醸成

・学校における社会との接点を意識した教育

（コミュニケーション教育・インターンシップ等）

・企業風土の転換

（社会的企業、ＣＳＲ、ワーク・ライフ・バランス）

社会教育施設は、「新しい公共」を担う人々と連携、情報の共有、アドバイスの中核として機能し、

各組織と結びつく。
企業…社会化、ＣＳＲ
大学…出前授業、インターンシップ
小・中・高校…学校支援地域本部
社会人、シニア…地域デビュー
ＮＰＯ、住民サークル…参画
自治会…地域課題解決
文科省は、こうした具体的イメージは描いたわけだが、これらを実施していくのは、各自治体の社会教育施設であるから、こうした仕事を推進する人材は、育成できたのだろうかと思う。同じことは、すべて自治体の社会教育施設にまかせておけば、よい方向に進むと考えて、企業、大学、自治会などは、指示を待てばよいということではない。
こちらのほうも、長い実績をつみ重ねてきたのだから、人材は育っているわけで、両者のパートナーシップによる協働作業が望まれる優れた実例の学習がとくに必要であろう。

三　余暇と地域活動を考える

わが国の経済の発展に伴い、生活様式も多様化し、さまざまな価値観のなかで、自分の生活は自らの判断の下に選択することが求められている。人生八〇年時代を迎え、退職後の新たな人生をどのようにすごすかは、私たち一人ひとりに投げかけられた大きな課題といえる。

そのような観点から、余暇や地域活動などについて考えてみたい。

1　余暇の活用

「余暇」は、わが国には中国から室町時代に入ってきた古い言葉であるが、一般的には使われたことが少なく、戦後、アメリカから「レジャー」という英語が入ってきて、その日本語として広く使われるようになった。

ここでは、人生のなかで余暇のもつ意味や余暇活動などについて説明したい。

①　余暇の役割

余暇とは、仕事の時間、睡眠時間など生理的時間などを引いた自由な時間のことをいい、活動でとらえると、休息・休養、気晴し、自己創造などを考えることができる。生涯の時間でみると、人生八〇年として、総時間約七〇万時間（三六五日×二四時間×八〇年）から、①睡眠時間約二三万時間、②食事・身仕度・入浴など約六万時間、③学業時間約三万時間、④仕事・拘束時間約八万時間（年間二〇〇〇時間×四〇年）を引き算すると、残りの自由時間は約三〇万時間になる。

私たちは、生涯のなかで仕事の時間が最も長く存在していると考えがちであるが、計算してみると、余暇のほうが約四倍も長くあることに気づく。人生のなかで仕事とともに、余暇が重要な部分を占めていることを考えてみる必要がある。

図1-3　余暇の三つの機能

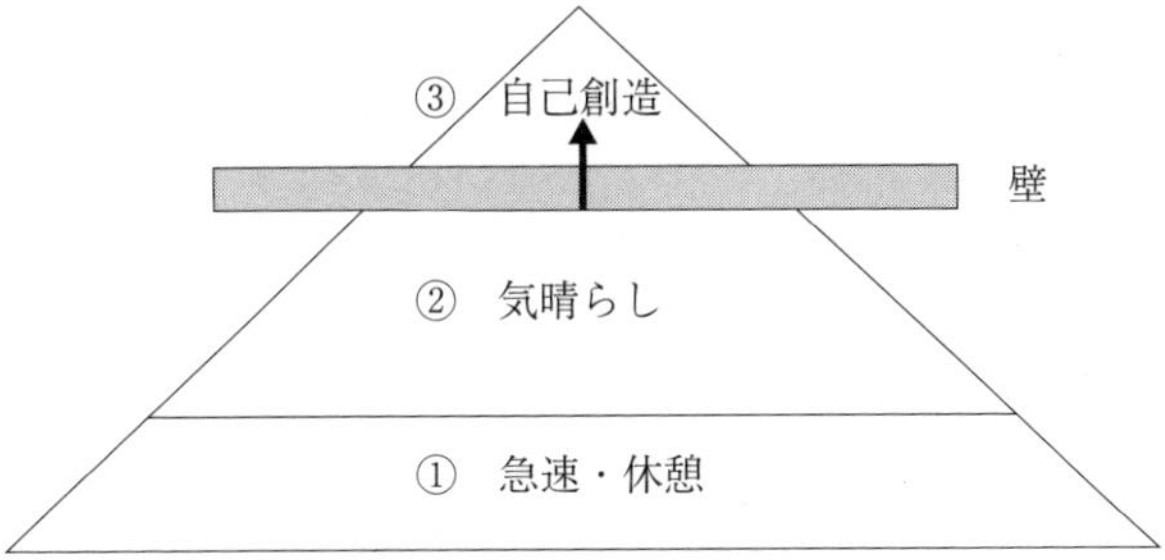

図1-4　余暇活動のステップ

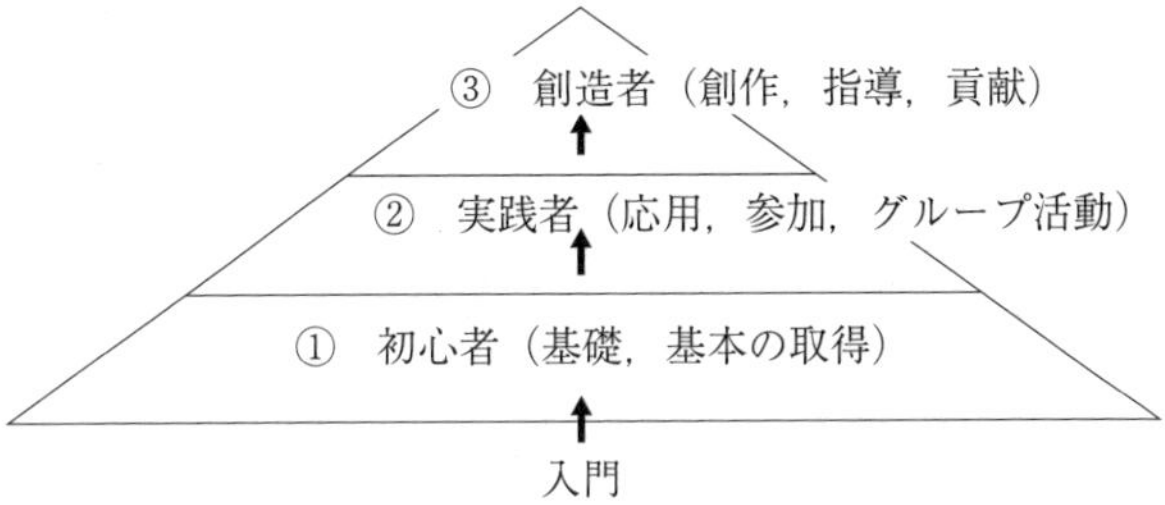

余暇は、その機能によって、次の図1－3のように三つに分けられる。「②気晴らし」と「③自己創造」の間には大変厚い壁が立ちはだかっている。これを破るのはむずかしく、知識と技術などのノウハウが必要になる。

②　余暇能力の開発

余暇を充実させるための能力は、休息・休養、気晴らしについても必要であるが、その習慣は、それほどむずかしくはない。しかし、自己創造のための余暇能力の開発ということになると、それほど容易ではない。余暇活動のステップを次の図1－4のように三段階に分けてみると、それぞれの段階で能力開発が必要になる。余暇活動は、大変に幅広く、多様な分野があるが、何を選ぶにしても、

表1-4　60歳以上の余暇活動の主な種目（参加率）

部　門	男　性	女　性
スポーツ（28種）	体操（28.8%） ジョギング，マラソン（28.4%） ゴルフ（コース）（18.0%）	体操（27.9%） ジョギング，マラソン（20.0%） 水泳（プールでの）（9.5%）
趣味・創作（30種）	園芸，庭いじり（48.4%） 日曜大工（30.4%） パソコン（ゲーム，趣味，通信など）（27.5%）	園芸，庭いじり（53.7%） 音楽会・コンサートなど（25.4%） 編物，織物，手芸（24.4%）
娯楽（21種）	外食（57.5%） 宝くじ（46.4%） カラオケ（42.2%）	外食（55.9%） 宝くじ（27.6%） カラオケ（24.8%）
観光・行楽（12種）	国内旅行（67.0%） ドライブ（46.7%） 動物園等（33.7%）	国内旅行（61.6%） ドライブ（30.2%） 動物園等（25.7%）

資料出所：(財)社会経済生産性本部『レジャー白書 2005年版』2005年

①の基礎・基本をしっかり取得しておくことが大切であろう。

一口に余暇活動といっても種類はきわめて多種多様である。主なものだけを選び出してみても、表1－4のように、スポーツ部門二八種、趣味・創作部門三〇種、娯楽部門二一種、観光・行楽部門一二種と合計九一ある。これは、日本人の余暇活動でよく行われているものにすぎないわけで、数は一〇〇種も二〇〇種もあるといわれている。

これらのなかから自分に適して、かつ、好きなものをどのように選び出すかが大切になる。娯楽のうちの外食、飲み屋など気晴らし的要素の強いものを除くと、大部分は趣味、創作のなかに入ってくる。これを参加型余暇、創造型余暇と名づけると、余暇能力開発の目標がわかってくると思う。

人間の能力は、大きく分けると、仕事を遂行していく職業能力と余暇を円滑に充実させていく余暇能力の二つになる。学校教育においては、従来、職業準備教育を主体にしてきたが、学校五日制の導入によって、余暇能力の開発を取り入れるようになっている。若い時代における余暇教育が必要であるが、中高年にとっても、前述の基礎・基本の取得、応用、参加、創造、貢献といった余暇活動のステップを踏んで能力開発をしていく意欲をもって取り組めば、誰でも余暇能力の開発は可能といえる。

余暇能力の開発にとって、最も早道は、その分野の先生（師）を見つけることだと思う。先生は、その種目について、長年にわたって研鑽に努めノウハウをたくさんもっている。肝心なことを先生に教授してもらえれば、たちどころに、ある水準に達する。時間の短縮ということでなく、ポイントを教えてもらえることが大きなメリットになる。

しかも、先生のところには、とても役立つ先輩や同好の人がいる。先生から授業を受けるとともに、仲間にいろいろ教えてもらえることも進歩にとってよい刺激になる。

ただし、ここで注意したいことは、自分に合った先生を見つけることがなかなかむずかしいことである。そのためには、探すための努力が不可欠である。

③　余暇活動を深める

ある種目の余暇活動を、時間をかけて長年にわたって行っていると、自然に活動成果というものが出てくる。たとえば、絵画であれば、描き始めて数年が経過していれば、数枚の作品ができあがっていることと思う。余暇活動の成果を自分だけでしまいこまず、知人や同じ活動をしている人に見せたり、発表したりすれば、さらに余暇活動を深めることができる。

余暇活動に、ますます時間をかけて、ノウハウが身につき、腕も上達したとすると、自分だけの楽しみの追求とともに、加えて、自分が初心者の頃、先生や先輩から指導してもらったように、後進の人に教えてあげるということもできる。余暇活動を自分一人が楽しめばそれでよしとするのはまだ中級レベルであって、上級レベルに達したならば、後進の面倒をみると同時に自分の能力やノウハウで広く社会に貢献できるようになる。

2　生涯学習

生涯学習という言葉は、一九六五年にユネスコが教育改革のためにつくったまったく新しい言葉である。実態として、古今東西で生涯を通して学習を行った人は数多くいたわけだが、生涯学習というのは、そうしたことを定義する言葉ではなく、国が国民に対して生涯にわたって学習することを保障する制度をつくるということの提案であった。

ここでは、生涯学習を進めるにはどうししたらよいか、そのための場はどこにあるかなどについて説明したい。

①　生涯学習の内容

欧米においては、主として、職業教育が中心になって実践されている。一方、わが国の生涯学習は、そうした欧米型と違って、職業教育が中心ではなくて、人間形成のため、余暇のためという目的が強いのが特徴で、近年、ようやく職業教育も重くみるようになりつつある。

内閣府の世論調査をみると、次の表1－5のとおり、してみたいと思う生涯学習の内容は多様で幅広いが、健康・スポーツ（五五・一％）、趣味（五三・一％）の二分野が圧倒的に人気が高く、次いで、パソコン、家庭生活、教養的なものと続き、職業は第六位となっている。

②　生涯学習の進め方

生涯学習の方法について、国立教育政策研究所の調査結果からみると、「本・テレビ・ラジオ・CD－ROM・テープなどを利用して」（三八・六％）、「公民館などの市や町が行う学級・講座などで」（二一・一％）、「同好のサークルや友人・知人などのグループで」（一〇・三％）の三つが多くなっている。「希望」についてもその傾向は変わりなく、実績が低くて希望の多い方法は「大学・短大・高校の公開（開放）講座などで」（二一・四％→三一・三％）、「放送大学や通信教育などを利用して」（五・六％→三四・〇％）などがある。

また、「インターネット、携帯電話を利用して」は希望のなかで六七・九％と最も高く、そのほか「公民館などの市や町が行う学級・講座などで」「放送大学や通信教育などを利用して」「大学・短大・高校の公開（開放）講座などで」などが、三〇％を超えており、多様な方法への高い要求がみられる。

学習の方法は、①本やテレビなど自宅で独学的なもの、②行政、大学、民間カルチャーセンターなど集団学習的な学級・講座、③グループ・サークルのように自分たちが自主的に学習をしているものは三通りに分けられる。どれか一つを選択して進めていくということでなく、学習内容に応じて、い

表1-5　この１年間の生涯学習の実施状況

	実施状況	希望状況
健康・スポーツ （健康法，医学，栄養，ジョギング，水泳など）	22.5% 21.8	55.1% 54.3
趣味的なもの （音楽，美術，華道，舞踊，書道など）	19.8 18.8	53.2 52.7
パソコン・インターネットに関すること	14.0 11.6	25.3 27.2
教養的なもの （文学，歴史，科学，語学，社会問題など）（注１）	10.2 ※	29.2
職業上必要な知識・技能 （仕事に関係のある知識の習得や資格の取得など）	9.3 8.9	17.6 19.0
家庭生活に役立つ技能（料理，要塞，和裁，編み物など）	8.4 7.5	23.8 23.3
ボランティア活動やそのために必要な知識・技能（注２）	6.9 6.0	17.6 16.3
育児・教育 （幼児教育，教育問題など）	4.7 5.1	9.3 8.8
自然体験や生活体験などの体験活動	4.0 4.4	15.3 16.0
学校 （高等・先週・各種学校，大学，大学院など）の正規課程での学習	1.8 ※	4.2

上段：平成21年調査（N＝1,837人，M.T.＝154.8%）
下段：平成17年５月調査（N＝3,339人，M.T.＝152.8%）

（注１）平成17年５月調査では，「教養的なもの（文学，歴史，科学など）（3.2%），「社会問題（社会・時事問題，国際問題，環境問題など）」（4.0%），「語学（英会話など）」（2.0%）となっている。
（注２）平成17年５月調査では，「ボランティア活動やそのために必要な知識・技能（点訳，手話，介護など）となっている。
資料出所：内閣府「生涯学習に関する世論調査」2009年

ろいろな方法を取り入れていくことが進歩につながる。

学習情報については、都道府県や市区町村の発行する広報紙に講座や教室の案内がたくさん掲載されている。電話番号なども書かれているから、申込みの電話をかけておけば開講とともに受講できる。また、公立の生涯学習センターが各地に開講されてきて、行政情報、大学や民間の公開講座、サークル情報等を収集し、コンピュータを利用するなどいろいろなかたちで提供している。

③　生涯学習の場

身近な地域でも学習の場はたくさんある。市区町村には、公民館、図書館、郷土資料館、老人福祉センター、老人憩いの家、婦人センターなどがあり、また、広域圏には、博物館、美術館、生涯学習センター、民間カルチャーセンターなどがある。

いずれの施設も、個人で出かけていって、図書や資料を利用することができるし、講座・教室などの学習機会を提供しているので、参加を申し込むことができる。講座・教室の多くは、四月、一〇月などに募集を行い、三カ月、半年という単位で学習を行う。開設の多い分野は、外国語・政治・経済等の教養的なもの、音楽・絵画・文芸等の趣味的なもの、テニス・ジョギング等のスポーツ・レクリエーションに関するもの、料理・健康・保育等の家庭教育・家庭生活に関するものが多くなっている。

公的施設である公民館、博物館、美術館や民間のカルチャーセンター等の講座・教室の修了者が自主的な学習のためのグループ、サークルを結成することも増えている。その目的は、学習活動をさらに深めたいということと仲間づくりにある。

行政やカルチャーセンターなどの講座・学級は、開設者が講師を依頼し、場を設営して、一定の時間、学習を行うのに対して、グループ、サークル活動は、自分たちで教えを受けたい講師を探してきて、交渉や依頼をしたり、技術水準の高い人、経験年数の長い人が、後から参加した経験の短い人に教えるという相互学習的な特徴をもっている。

学習をさらに深めていくと、専門的な内容のところに到達します。これを学習できる場ということになると、大学や専門教育機関になるのであろう。いずれの大学・短大も、現在、社会人を対象とした公開講座を開催している。教育科目、専門科目、体育・スポーツなど幅広く実施されており、安い費用で申し込むことができる。

また、近年、大学は、正規授業への社会人、高齢者の参加を歓迎しており、入学試験も小論文と面接ということにして、入学しやすい条件を整えている。正規コースへの入学以外にも、聴講生、科目等履修生という制度を利用する人も増えている。深く専門的に学習したい課題や意欲があれば、大学の門をたたいてみるのもよいと思う。

3　ボランティア活動

ボランティア活動は、古くから欧米では活発であったが、わが国ではあまり活発ではなかった。しかし、近年、経済的に豊かな社会になってきたとか、余暇時間の増加、欧米の影響などもあって、ボランティア活動は、だんだんと人々の関心を呼び、始める人が増えてきている。

ここでは、ボランティア活動の意義や活動を行う場合のポイント、心構えなどについて説明したい。

①　ボランティア活動の意義

ボランティアの語源は、古くラテン語の〝Volo〟、英語の〝Will〟に当たり、「自己の意志」を示した言葉に由来している。ついで〝voluntus〟「意志、自発性」として、他者との違いの関係、かかわり合いを大切にするという意味になり、「行う人」ということでボランティアという言葉が生まれた。その活動の特徴は、①自発性（自ら発意、他から強制されない）、②無償性（活動をしても金銭を要求しない）、③連帯性（地域や時代を生きる共同体意識）、④先駆性（新しいことに取り組み社会を変える）の四つである。

ボランティア活動を行う場合、①自分の得意な分野で活動種目を選択、②仲間をつくる、③できるだけ長く継続する、④研修、学習によって活動内容を深める、⑤活動の成果を外に向かってPRといった五つのポイントに留意するとよい。

まずスタートは、自分の好きで得意な種目を選ぶことである。一人でやっていても長く続かないことが多いので、なるべく近くの人とか気心の知れた人と一緒にやるようにしたいものである。一、二年ということでなく、一〇年、二〇年と続けるためにも、その活動に関係することを学習して、常に最新の知識や技術を身につけて、仲間を誘うためにも、活動を深めるためにも外にPRをしていくことが大事である。

ボランティアというと、自発的にやっているのだから、自分の好きなように活動すればいいと考えがちであるが、善意だけを他人に押しつけるわけにはいかない。心構えとして必要なことを十分に考えておかなければならない。

一つは、専門性ということで、無償だからといって、善意だけで人を援助することはできない。活動の内容に即した専門的知識、技術の取得が求められる。ボランティアの先進地、アメリカでは、ボランティア活動に従事する時間と同じ時間を研修に当てることが義務づけられている団体も数多くある。

二つは、活動を気負わないで、生活の一部になるくらいにしたいものである。ボランティア活動をしているという意識はもたないで活動するというレベルに達したい。

三つは、個人としての活動が主体である、ボランティアバンクなどに登録して、組織に加入することも心がけたいと思う。

②　活動の内容

一口にボランティア活動といっても、その領域や内容は大変広いわけで、厚生労働省が行った全国ボランティア活動者事態調査では、次の四分類のように分けられる。

活動類型	団体	個人（%）
・人に対して直接サービスを提供（他人サービス型）	四三・二	五三・七
・人との交流（交流型）	四五・七	五一・二
・社会的に不利な立場におかれた人々への支援（支援型）	四三・一	三九・九
・人を対象とするよりは、テーマに沿った活動（テーマ型）	三五・三	二九・二

また、テーマ別に分類すると、次のようになる。

・テーマの内容	団体・グループ	個人（％）
・伝統文化の継承や芸術の普及	一二・〇	一三・一
・環境保全・自然保護	一五・一	二〇・二
・国際的な支援活動	三・一	三・七
・まちづくり	二〇・八	一五・〇
・防災・災害・安全	二・九	五・四
・その他	三八・九	二九・三

さらに、対人サービス型、交流型、支援型の活動内容を団体・グループおよび個人でみると次のようになる。

団体・グループ（％）は、配食・会食サービス（二六・四）、外出の手伝い、移送サービス（一八・五）、話し相手（三七・二）、交流・遊び（四六・二）、手話・点訳・朗読等のコミュニケーションの支援（二五・一）、趣味・レクリエーション活動への支援・指導（二六・四）、スポーツ活動（五・九）、人の学習活動への支援・指導（一六・七）、簡単な日曜大工や庭仕事など（三・二）、掃除や作業の手伝い（一八・八）、サロン活動（一三・七）、その他（二〇・〇）。

個人（％）でみると、身辺や外出介助等の直接ケアをする活動（三一・二）、手話・点訳・朗読等のコミュニケーションの支援（一三・七）、話し相手になる等の交流、遊び、レクリエーション活動

（四八・六）、スポーツ、趣味、学習活動への支援・指導（二二・一）、草むしり等の労力や、調理等の生活技術を提供する活動（一九・八）、団体・グループの運営、イベントや事業等の企画（三〇・九）、情報整理・発信や調査等の活動（四・七）、団体・グループの事務の担当・手伝い（九・九）、資金調達の担当・手伝い（五・三）、その他（一七・九）となっている（厚生労働省「全国ボランティア活動者実態調査」二〇〇一年）。

ボランティア活動の内容は、上述からも多岐にわたっていることがわかる。社会福祉を中心とした活動と思われるが、スポーツ、文化など生涯学習の分野や環境、国際的な支援あるいは身近な地域活動も徐々に増えてきているようである。

③ ボランティア活動の促進

ボランティア活動を行っていると、どういう点にプラス面があるのか。経験者の話しや関連の調査を参照すると、自分の成長（認容度、視野の拡大、自己変革、主体性、積極的人生観、心の豊かさ）ということと社会とのつながり（社会的経験、新しい仕事の獲得、新しい友人、他者の理解）の強化の二つがあげられる。

活動を活性化させていくためには、職場や社会の側が支援していくことが求められる。ボランティア活動の遅れているわが国では、こうした支援策がないと、多くの人が活動して参加することはむずかしいわけである。具体的な方策として、積極的支援策（ボランティア休暇、研修会、研究会、養成講座、サークル活動の育成）、消極的支援策（意識啓発、活動促進のための土壌づくり、キャンペーン、広報誌の発行）のようなことが考えられる。

いろいろな支援策が職場や地域社会で行われる必要があるが、なかでも大切なのは、リーダーの養成ということになる。各市町村の社会福祉協議会や公民館、生涯学習センターなどでは各種のリーダー養成講座が開設され、また、派遣や活動に関する情報がたくさんある。

4　地域社会への参加

私たちは、長い間、職場中心に生活してきた。退職すると、職場に行く必要がないため、生活の基盤は、家庭と地域社会ということになる。職場から地域へ、仕事から余暇への変化となるが、長年にわたって慣れ親しんだライフスタイルを変換することはそれほど簡単なことではない。

ここでは、地域活動の状況、参加するに当たってのポイント、参加の留意点や成果などについて説明したい。

①　地域活動の状況

地域活動とは、町内会、自治会、お祭り、環境保全など、地域の人々が互いに豊かに住みやすく暮らしていくための相互扶助的な活動のことをいう。かつては、自治会・町内会、地域の祭り、文化財の保護、自然保護、環境保全、お年寄りの世話などのように狭い意味で使われてきたが、近年では、各種のスポーツ、文化活動、学習活動なども入れて、地域で行われる幅広い活動であると解釈される

図1-5　最も力を入れた活動に初めて参加した時期

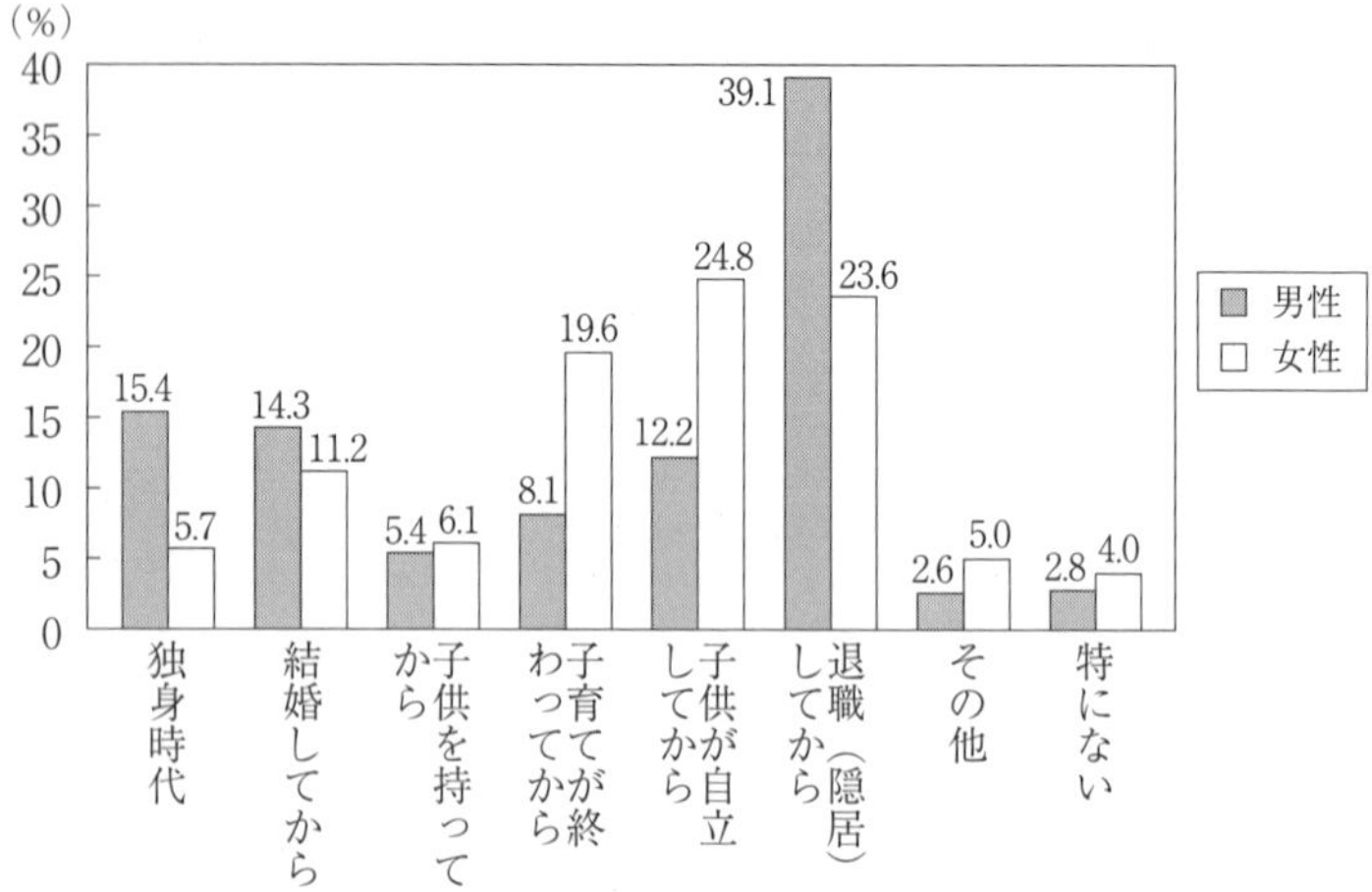

資料出所：内閣府「高齢者の地域社会への参加に関する調査」2004年

ようになっている。

地域社会の活動の状況について、六〇歳以上を対象にした「高齢者の地域社会への参加に関する調査」（平成一六年七月内閣府）によると、意向としては、参加したい四七・七％で、参加したくない三七・五％となっているが、実際に参加している人は五四・八％、参加していない人は四五・二％である。

参加の割合としては、五割を超えており、より詳しく見てみると、参加の程度は、週二回以上が二八・二％、週に一回程度が一九・一％と約半数の人が週一回以上参加している。活動の中身は、健康、スポーツ（体操、歩こう会、ゲートボール等）が二五・三％、趣味（俳句、詩吟、陶芸等）が二四・八％と高いようである。

また、活動に参加しなかった理由については、健康・体力に自信がない（三八・一％）、家庭の事情（二二・一％）、特に理由はない（二〇・七

％）、どのような活動が行われているか知らないから（九・〇％）、気軽に参加できる活動が少ない（八・六％）、同好の友人・仲間がいないから（八・四％）、経費や手間がかかり過ぎるから（三・九％）などとなっている。これらのことから、高齢者がスムーズに地域社会に入っていけない気持ちの問題や活動しやすい社会的環境がまだまだ十分でないと思っていることなどがうかがわれる。

② 地域活動のポイント

多くの人が調査などでは参加の意向はもっていると答えるのであるが、実際には日常生活のなかで地域社会を意識することが少なく、習慣として地域とかかわりにくいということが多いように思われる。

そこで最も大事なことは、地域社会とかかわるきっかけをどうつくるかということになる。理想的なあり方としては、退職前から、何か一つでも、自分が最もしたいと思っている活動や興味を引く活動に参加して、一つの場をもっておくということになる。しかし、これは現役中にはなかなか困難かもしれないが、このような意識をもっていくことが大切である。

サラリーマンは、長い職務経験をとおして、いろいろな知識と技術を取得している。退職してもその力量は減少してしまうものではない。庶務関係に強い人、会計に強い人、渉外に強い人、文書作成の上手な人などそれぞれ誰でもなんらかの特技をもっている。

これらの特技や知識・経験を、地域社会のなかで大いに活用していきたいものである。まったく新しい知識経験を身につけることは大変なことだが、昔から身につけたことを地域活動のさまざまな場面に生かしていくことは少し努力すればできることではないであろうか。

③　参加の留意点と成果

これまでほとんど経験のなかった地域活動に入っていくに当たって、留意しなければならないこととして、①活動のなかで一つの役割をもつ、②新参者であることを自覚する、③集団内の決まりを守る、④昔の肩書をひけらかさない、⑤家族の理解・協力を得る、⑥人間関係をベタベタしたものにしないの六つがある。

集団のなかで一つの役割をもって、着実にこなしていけば仲間からの信頼を得られる。つい昔の話をもち出したくなったり、地域とかつての職場とはまったく違っているのだから、それらの話題はなるべく避けたいものである。また、家族の理解・協力を得ないとスムーズに活動できないことにも留意したいと思う。

地域活動は、身のまわりの活動だから、やったことの結果はすぐに返ってくる。たとえば、社会福祉のための募金集めということで企画を立て、小学校を借りてバザーを実施したとする。住民へのPRもよくできて趣旨も理解してもらえたとなると、その日はたくさんの人が集まってきてくれて、目標の募金を達成できるということになる。

しかし、反対に企画もよく練られないでスタートしてしまい、PRもうまくいかないなど、ねらいも住民にわかってもらえなかったということだと、募金はなかなか集まらない。失敗ということで、赤字をつくってしまうということもある。知恵、経験、チームワーク、熱意などが自分自身に返ってくる。それだけに、とてもやりがいのある活動だと思う。

長い職業生活のなかで十分に社会に貢献し、社会のために働いてきたのだから、退職後は趣味や個人的な楽しみに徹する生き方を選ぶ人もいると思う。

しかし、個人的趣味や楽しみだけに終始していると、多くの人が指摘するようにある種のむなしさを感じることになる。そこへいくと、もう一つの活動として地域社会にかかわっていくと、バザーや祭りにしても、施設の訪問や環境美化活動にしても、やったらやっただけの価値がすぐに出てくる。関係者の喜んだ顔や笑顔が、自分が今何をしたかということの結果として表れる。〝次はもっと喜んでもらおう〟というやりがいが起こってくる瞬間である。個人的な楽しみと、多くの人と楽しみやおもしろさを共感できる体験と、両方ともやっていくことを考えてみてはどうだろうか。

四　高齢社会における生涯学習

高齢者を主たる対象とする生涯学習プログラムは、欧米では、古くは一〇〇年前から存在するが、ユネスコやＯＥＣＤが生涯学習を教育改革の理念として提唱した一九六〇年代から急速に活発化した。本節では、標題の高齢社会の生涯学習プログラムを高齢者対象の生涯学習という主題に限定して、三つの角度から論じてみることにする。

一つは欧米各国は、この問題に対して、いつからどのような方策で対応してきたかを明らかにする。それは、わが国の制度改革や政策展開に役立つものであったかは検証してみたい。二つは、わが国の

それは、生涯学習論が入ってきて一九六〇年以降、どのような歩みをするのかを検証してみたい。国主導から自治体主体に移り、やがて、大学、民間、住民のプログラムが力をつけて多様化することを明らかにしたい。そして、最後は、これら望ましい方向性の展望を述べることにする。

1　欧米各国の生涯学習プログラム

①　生涯学習の量的拡大

生涯学習は、欧米各国の教育改革理念として制度改革に取り入れられた。アメリカでは、一九七三年カーネーギ高等教育委員会が「学習社会をめざして」と題する報告書を出して、パートタイム学生、非正規課程の学生を増加させる勧告を行った。一九七六年には、これを受けて生涯学習法が制定され、社会に開かれた大学が求められ、予算がつけられた（国立教育研究所、一九九三年）。

一九八〇年代には、成人が年間に四〇〇〇万人が学習するようになった。この数は、二〇〇〇年には九〇〇〇万人に増加した。大学入学者の四〇%以上がパートタイム学生で、大学生の割合は一八―二二歳と三五歳以上を比較すると、後者の人のほうが多くなった（上杉孝實ほか、二〇〇七年）。

イギリスは、一九八〇年代、政府の援助金によって、大学の成人教育部が中心になって、成人に対して職業教育やマイノリティのための教育に力を入れたが、その後、財政難を理由に縮小されたが、一九九七年労働党政権がブレア首相のもとで教育重視の施策がとられた。大学の正規コースに成人学生が四一〇万人も受け入れられて、成人学生が急増したが、高齢者は約一割と多くはなかった（上杉ほか、二〇〇七年)。

フランスでは、高齢者の学習は一九七二年トゥールーズ大学に第三年齢者大学(Univercite de thosieme age)ができて、その後、四〇の国立大学に開設され、一般学生と同じ授業を受けるものと、特別の学期(夏期休暇中)に受けるものに分かれて、これに通う高齢者が急増した。

ドイツでは、成人教育は、雇用者(事業所)二二%、国民大学(二一%)、民間機関(一一%)が多く、大学(三%)に通う成人は少ない。学習内容は、語学(三三%)、スポーツ(一七%)、芸術(七%)、余暇(五%)などである。国民大学(Volks-hochschule)は、全国に九〇〇カ所開設されていて、受講者は六〇〇万人、開設者は自治体(五九%)、公益法人(三九%)、民間法人(三%)である(国立教育研究所、一九九三年)。

② 大きく伸びない高齢者のプログラム

生涯学習の量的拡大について、アメリカ、イギリス、フランス、ドイツとみてきたが、いずれの国においても、生涯学習は青少年を中心とする教育制度から、成人が大量に学習する制度に変わる役割を果たした。一九六〇年以来、約四〇年にわたって、各国とも成人の学習者は倍増した。

しかし、高齢者の学習者は、思ったほど増えなかったことと、成人の職業実務教育も量的拡大はみられたが、質の確保という点では、まだ、これからの課題ということが指摘できる。まず、アメリカでは高齢者の学習者の学習については、主として、コミュニティ・カレッジが利用された。ここは、無料もしくは、安い授業料で一般教養やスポーツ、趣味が好まれた。また、大学の公開講座は、単位につながる credit コースと単位認定のない non-credit コースがあって、高齢者は後者を多く履修した。

イギリスにおいても、前述のように成人教育部は、四一〇万人の成人を受け入れたが、高齢者は一〇％と少なかった。成人の多くは、実務、ビジネス種目を学んだ。フランスは、高齢者を主体とした第三年齢者大学から、近年、名称変更して、「全年齢者大学」「公開成人大学」という名称に変えるところが増えている（上杉ほか、二〇〇七年）。

一九八一年創立のソルボンヌ大学の公開成人大学は、開設時二〇〇〇人の受講生が近年一万三〇〇〇人に増え、女性七一％、男性二一％、学習内容は、歴史、文化、芸術、哲学、音楽の順になっている（小杉山、一九八八年）。

アメリカ、イギリス、フランスが成人教育に占める高齢者の割合が一〇％程度となっているのに対して、ドイツは、前述のように職業実務教育が強いので、高齢者の割合は五％程度と低い。国民大学の受講料は週一回、一時間当たり日本円で二〇〇―三〇〇円であるが、提供される学習内容が少ないことが原因となって、高齢者が増えないようである。

高齢者の学習人口が増えてきていることは、各国ともまちがいないが、その数や割合は、それほど大きいものではないことが問題で、この点は各国に共通した課題である。

2　わが国の高齢者対象生涯学習プログラム

①　国のモデルプログラム

わが国の生涯学習は、欧米各国と比べると、ユネスコ、ＯＥＣＤの教育改革論の導入が大幅に遅れた。本格的な検討がはじめてなされたのが一九八一年中央教育審議会「生涯教育について」（答申）で、その後、一九八七年、臨時教育審議会答申を受けて、国の推進本部として旧文部省に生涯学習局が開設されたのは、一九八八年のことである。

高齢者教育については、一九六五年に旧文部省は、市町村を対象に「高齢者教室」をスタートさせた。一九七三年、「高齢者学級」と名称が変わり、補助金も増えて、教室の数は倍増した。高齢教育という立場ではなく、高齢者の生きがいづくりの観点から旧厚生省は、全国の市町村を対象に「老人大学」を開設してきた。

一九八六年、長寿社会対策大綱が閣議決定し、高齢者の学習と社会参加事業の大幅な拡大がみられた。私は、当時、文部省生涯学習局のスタッフとして、大綱に対応した「長寿学園」という新規事業として、都道府県を対象として、高齢者の学習指導者養成の講座開設を担当した。ここで、とくに重視したことは、①講座の企画、運営を担える人材の育成、②講座修了後、学習指導者として、市町村、団体に派遣して、講座開発、学級運営をしてもらうという二点であった（瀬沼、二〇〇四年）。

長寿学園は、一九九〇年に都道府県を対象とした補助事業としてスタートし、数多くの所が事業を開始した。しかし、バブル経済の崩壊とともに、税収が落ち込んできて、四年後には補助金は全廃された。その後、自治体の単独事業として継続されているのは、青森、岩手、群馬、山梨、静岡など、数は大幅に減ってしまった。

現在でも、活発に推進されている一つである山梨ことぶき勧学院を取材した。県内九カ所に教室をもって、二年制で人生、ふるさと、心、現代社会の四つの学科で、年間一八回、定員一学年三〇〇人、通算すると八〇〇〇人の修了生を出している。予算額は、二八七九万円である（瀬沼、二〇〇六年）。

②　自治体中心から大学、民間のプログラムが台頭

高齢者の生涯学習は、わが国においては、国の補助で地方自治体が中心になって展開してきた。文科省の指定統計「社会教育調査」によると、高齢者教室は、一九九二年、三万講座、二〇六万人の受講者であった。しかし、一九九四年に予算難を理由に高齢者学級事業は、補助金が廃止されたので、その後、伸びていない。

その結果、全国の市町村で、積極的に高齢者学級に取り組んでいる市町村と、そうでない市町村の格差ができてしまっている。たとえば、積極的な市として、神奈川県相模原市を取材してみると、福祉部の主催する「あじさい大学」は、一九八一年開設時には、七学科定員一九二名であったが、現在は四一講座九一二名に増えている（瀬沼、二〇〇六年）。

講座は、健康（七）、教養（三）、調理（三）、文学（七）、歴史（四）、園芸（二）、は五月スタート、翌年二月修了で全二四回、午前中が講義、午後がクラブ活動となっている。受講料は、長い間無料であったが、二〇〇四年から年間六〇〇〇円となった。この他に市内二三公民館で教育委員会主催の「高

齢者教室」が年間を通して開催されている。

このように、福祉部門と教育委員会の二方面から高齢者へのプログラム提供がなされる市町村と、まったく提供が行われない市町村が併存していることは、大きな問題である。だが、自治体講座は、従来から原則無料でやってきたが、相模原市のように有料化されてきている。一コマ当たり二五〇円と安価である。

経済的に余裕のある高齢者は、近年、大学公開講座や民間のカルチャーセンターに通う人も増えてきている。大学公開講座は、現在、一一六万人が受講しており、そのうち高齢者の割合は、統計がないので、推測では、二割という割合である。一方、カルチャーセンターは、現在、全国に六〇〇カ所存在するが、受講者は七〇〇万人である（文部科学省、二〇〇七年）。このうち、高齢者の数は約一割強と推測される。

3　今後の研究課題

①　学習はエイジレスに

これまで高齢者教育は、高齢者だけを他の世代から選んで特別に行う方法と、年齢に関係なく、学習したい人が集まってきて学ぶという方法の二つがあった。

わが国とフランスは、前者の例で、わが国の場合、すでに述べてきたように、旧文部省の高齢者学級、旧厚生省の老人大学がその典型である。フランスも第三年齢大学が有名である。

しかし、近年、フランスにおいては、前述のように、第三年齢大学という名称を全年齢者大学、成人大学という名に変えて、エイジレスをめざすようになってきている。わが国においても、厚生労働省の老人大学は、名称をシルバー大学、シニアカレッジという愛称にしているところはあるがエイジレスにはなっていない。これは、どちらかといえば例外的なことで、旧文部省補助事業の高齢者学級が全廃されて、各自治体は、市民大学というエイジレスの方向に歩み出した。私は一九九六年に、文部省から研究助成を得て全国の市町村にアンケートを出して『市民大学の実態調査』を行った（日本余暇文化振興会、一九九六年）。

その結果、全国に四〇六サンプルが存在し、市町村直営八五・六%、外部委託一四・四%、予算規模一〇〇万円未満（四六・九%）、一〇〇―三〇〇万円未満（三〇・五%）、三〇一―一〇〇〇万円未満（一四・九%）、一〇〇〇万円以上（五・九%）、コース数五以下（五六・二%）、六―一〇コース（二三・八%）、一一コース以上（一九・〇%）という結果を得た。

アメリカのコミュニティ・カレッジ、ドイツの国民大学は、その名のとおり、最初からエイジレスで運営している。生涯学習は、これからエイジレスの方向に進むことはまちがいないように思われる。

② インプットからアウトプット重視へ

ユネスコの生涯教育勧告は、一九六〇年にポール・ラングランによって起草された。彼の思想は、教育の目的で、教養ある人間をつくることが重視されたので、職業実務教育よりも教養教育が主体であった（ラングラン、一九六五年）。

わが国の生涯教育施策は、ユネスコの勧告に負うところが大きかったので、教養主義が重視された。全国展開された高齢者学級のプログラムの大半は、教養、趣味的内容で、実務内容はほとんどなかった。高齢者のニーズは、教養、趣味が主体であったので、自治体教育委員会よりも後発のカルチャーセンターにしても、大学公開講座にしても、プログラム提供は、自治体と同じ内容を有料で行った。

近年、高齢者の学習ニーズは、大きく変化してきている。その傾向は、一つは脱教養・趣味志向で、従来の習い事、けいこ事から脱皮して、いわば、インプットからアウトプット重視になっている。学習して教養を身につけることよりも、学んだ成果を何かを形にして、プロダクトを外に向かって提供することが重視されてきている。

これから将来的に、それは、無償の行為として、社会参加、ボランティア活動になっていくこともあるし、有償の活動として、学んだ成果を活用して仕事に従事したり、つくった作品を販売して経済活動にしていくことも重視される。高齢期が短い時代は、生涯学習は、教養主義で満足する人が多かっただろうが、長寿化の進行とともに、高齢者は、生涯現役者として生きていくために、新しい生涯学習のかたちをつくり出していく必要がある。

第二章　社会参加と生きがいづくり

一　高齢者の仲間づくりによる生きがい

高齢者が地域で生きがいをもって、健康に暮らしていくために、仲間づくりが、きわめて重要である。多くの退職者は、職場を去って地域に帰ると、現役時代に築いた人間関係は失われて、孤独になりがちである。

地域で新しい人間関係を築くために、仲間づくりをしなければ人間的結びつきは不可能である。そこで二〇〇九年度に、就業、健康、福祉、学習、社会参加、生活環境づくりを行うなかで新しい仲間づくりを行う試行事業の実施を行った。

仲間づくりを行うには、イベント、講座・教室の開催、意識啓発をすることが効果的である。以下では、総論として、仲間づくりの現状、試行事業の概要、リーダーとメンバーの役割、行政の支援などについて述べてみることにしたい。

1　高齢者の仲間づくりの現状

多くの勤労者は、仲間、知人という観点からみると、現役時代は、職場の人だけが対象である。職域の外に、仲間、知人をつくる人は、ほとんどないといってよい。職場、仕事を一緒にやって、勤務外の五時以降、日曜などの休日のレジャー、つき合いも、ほとんど職場の延長線ですごしている。現役時代に、家庭のある地域や趣味の世界で、仲間や知人をもっているという人は、例外的な人である。こうして入社以来三〇年、四〇年という長い年月にわたって仲間とつき合ってきたから、退職すると、地域には、仲間や知人は皆無で、退職後は何を生きがいとして暮らしていくか、途方に暮れてしまう人が多い。

生活の目標を設定し、自分の生活設計をするのに、半年や一年は、たちまちすぎてしまうであろう。家の中ばかりとじ込もっているわけにもいかずに、何かをきっかけにして、家の外に出ていく。この辺の一般的状況を、内閣府「高齢者の地域社会への参加に関する意識調査」（二〇〇三年）を参照してみることにする。

まず、参加のきっかけであるが、「友人、仲間のすすめ」（三七・〇％）、「個人の意志」（三三・九％）、「自治会、町会の呼びかけ」（二八・五％）、「家族のすすめ」（六・七％）、となっている。「友人、仲間のすすめ」が第一位で、これがあるかないかによって、「個人の意志」も促進をしたり、止めてしまったりするのである。

「仲間」や「家族」にすすめられて、やっと重い腰を上げて、地域に出ていく決意をする。さて、何をするか。それは、前述の全国調査によれば、活動内容は、「健康・スポーツ」（二五・三％）、「趣味」(二四・八%)、「地域行事」(一九・六%)、という数字になっている。まさに個人の選択で一番スムーズに入れるのは、若い時代に手がけていたものに帰るのがよいが、帰るものをもっていない人も少なくない。その場合は、何か新しい種目を開拓しなければならない。

興味、関心のある種目をやってみて、試行錯誤しているうち、何か決まってくる。グループ、サークルに入会すれば、そこに多くの仲間がいるから。メンバーに加わったということは、仲間の一員になれたということである。仲間づくりは既存の地域、自治体、民間団体に加入させてもらうのが楽で、自分が中心になって、新しく仲間づくりをやって、団体をつくるというのは、とても時間、エネルギーがいる。

2　高齢者の仲間づくりの分野

多くの人は、仲間づくりというと、社会参加、生涯学習というように連想する。しかし社会参加の第一は、職業・仕事をすることというように考える人は少ない。とくに高齢者の社会参加というと、余暇、趣味、学習という分野が中心になる。

しかし、これからの高齢者の経済的自立のことを重視すると、就業、所得を得る経済活動がとても大切になっている。そこで、仲間づくりの分野は、①就業、所得(能力開発、年金、所得確保)、②健康、福祉(健康づくり、介護、子育て支援)、③学習、社会参加(生涯学習、社会参加、ボランティア)、④生活環境(住宅、ユニバーサルデザイン、交通安全、防災)の四つを取り出してみた。

以下で、個別的に仲間づくりの内容について、述べてみることにしたい。

①就業、所得

前述のように、従来は地域の仲間づくりや社会参加の分野に取り入れられることはなかった。地域における仲間づくりは、非経済分野に限られていた。だが、これからの高齢者は、職場から退職しても、地域を拠点として、経済活動を続けていかないと生活ができない。そのために、能力開発のための勉強会、研究会を頻繁に開催して、仲間と一緒にやっていく。年金の勉強会も開いて、後輩の人の相談に乗ってあげたり、アドバイスしてあげる。後続の人や若い人がたくさんやってきてくれることだろう。所得獲得のための情報収集、研修会、相談、就職先の開拓、自己雇用の方法など、仲間と一緒に取り組むことは多い。

②健康、福祉

これまで健康生きがい開発財団（以下財団と略す）が全国的に展開してノウハウがあるし、地域ブロックにおいても、長年にわたって継続し、蓄積されてきた仲間づくりのノウハウがある。これをどのように活用していくかが問われる。

③学習、社会参加

これも②と同じことはいえる。全国的にも地域ブロック単位でも、財団は、長年にわたって、多様な実践を行ってきた。それらのノウハウは、大いに活用される必要がある。これまでは、やや実践が遅れていた高齢者を中心とした地域の活性化にも、関連団体と協働して取り組んでいくことが求められる。

④生活環境

これまでは、財団としては、取り組みが遅れていたこともあるので、この分野を仲間づくりの視点で重視して、エコ対策とともに、サスティナブル（自然との共生をはかる持続可能な社会）の実現に貢献していかなければならない。

3　試行事業一〇事例の概要

財団では、健康づくり活動推進のための試行事業として、表2－1の事業を選抜した。この一〇事業を①イベント型（兵庫、埼玉、山形、大阪）、②講座型（京都、多摩、神奈川）、③意識啓発型（なにわ、静岡、愛知）に三分類してみることにした。

①イベント型

兵庫県健康生きがいづくり協議会「羽子板遊び」事業の概要は、羽子板の歴史を研究し、ゲーム法を教える研修会を開催し、県内三市をキャラバン隊でまわり、ゲームをして普及させるという内容である。埼玉「ニュースポーツの集い」事業は、ディスコン、ミニテニス、インディアカの三種目を普及させるために、基調講演、実技、懇親会というものである。山形「笑いの大楽校」事業は、笑いのイロハニ講座と、笑いの健康講座（各五回）を開催、最終的に、受講生の発表会を実施。大阪のまちかど探検クラブは、「仲間づくりイベント」事業と題して、事前検討会を六回開催、水陸両用観光バスで大阪の町並みを見聞した。

②講座型

「京都」は、「認知症予防教室インストラクター養成講座」を実施した。内容はリズム運動、頭の体

表2-1　試行事業実施一覧

	実施団体名	事業名
1	山形県健康生きがいづくりアドバイザー協議会	やまがた「笑いの大楽校」開催事業
2	ときめきらいふクラブ	「ニュースポーツの集い」〜地域の中で高齢者の仲間づくりと生きがい探し〜
3	多摩健康生きがいづくりアドバイザー協議会	「会社社会から地域社会へ　あなたのセカンドステージをどう創る」（シニアのための生活設計と仲間づくり）
4	神奈川健康生きがいづくりアドバイザー協議会	ノルディックウォーキングを通じて地域で生き生き仲間づくり
5	静岡県健康生きがいづくりアドバイザー協議会	高齢者の仲間づくりに向けた「生きがい談義」
6	名古屋市緑区戸笠学区福祉推進協議会 愛知県健康生きがいづくりアドバイザー協議会	戸笠健康・生きがい会
7	健生ネットワーク京都	地域の仲間で築こう　認知症予防のネットワーク 認知症予防教室インストラクター養成講座
8	特定非営利活動法人まちかど探検クラブ	アクティブシニアの活動促進を図る仲間づくり交流イベント
9	健康生きがいづくりアドバイザーなにわ協議会	「介護予防サポーターの仲間づくりと生きがいの啓発活動」
10	兵庫県健康生きがいづくり協議会	「羽子板遊びによる仲間づくり」

操、太鼓利用運動、茶話会など五回である。「多摩」は、会社社会から地域社会への「セカンドライフ応援講座」事業で、二日間で仲間づくりの基礎（三コマ）、地域活動の基礎（地域活動団体の紹介）が行われた。神奈川は、「ノルディックウォーキング」の講習会事業で、県内五カ所で一カ所二〇名の高齢者を対象にして、三日間技術取得を行った。

③意識啓発型

「なにわ」が「介護予防サポーター仲間づくりと生きがい啓発」事業を行った。介護予防をテーマにした劇団を結成し、脚本を書き、堺の保健センターや地域会館で公演を行う。募集した人を仲間として、介護予防、地域の体制づくりのきっかけにした。

静岡の「生きがい談義」事業は、認知症予防のために講演会を行い、各地域の事例発表と展示ブースを使って、メンバーと来訪者が意見交換を行った。愛知の「戸笠健康生きがい会」事業は、出会いふれあいのための講演会、ニュースポーツ、笑いの効果についてのコーディネーショントレーニング（仲間づくり）を行った。

4　リーダーとメンバーの役割

仲間づくりのためのグループ、サークル活動を行っていくためには、メンバーとリーダーの両方の役割が重要になる。メンバーの役割から考えてみることにしたい。

グループ、サークルの規模の大小にかかわらず、メンバーの役割、業務を書き出してみると、仲間づくり、場づくり、運営資金の調達、他団体との交渉、プログラムつぐり、指導者育成、機関誌、広報活動など実に数多くある。これらの業務を行っていくのがメンバーの役割となる。

人には好き嫌いと同じように、興味、関心、できる、できないなど、いろいろな特徴がある。誰でもどれでもできるというものではない。たとえば、現役の頃に営業畑を歩んできた人ならば、場づくりとして、会場取りの交渉、資金調達、会員募集など、営業的仕事は職場の延長上として得意な人がいるはずである。広報、宣伝の仕事をやっていた人ならば機関誌づくり、事業の宣伝などの仕事は簡単にこなせる。

いずれにしても、グループ、団体に所属していると、メンバーはいろいろな仕事を手伝ってもらいたいとか、担当してほしいと依頼される。団体に所属したら、多くの会員から、いろいろとサービスしてもらって、自分は何にもしないで人に頼ってばかりいるというわけにはいかなくなってくる。つまり、いつまでもお客さんでいるわけにはいかないのである。

団体、グループのメンバーとして、会場探し、寄付金集め、新規会員の獲得など、時間とエネルギーをかけてやってきた。しかし、いつまでやっても、これでいいという到達点は見えないで、つぎからつぎと仕事は押し寄せてくる。もう自分は疲れたから、会やグループから脱退したいという人も出てくる。これをどうしたらよいかということは、ベテランの悩みだけに解決はむずかしい。

このことは、リーダーの役割に強くかかわってくる。リーダーは、前述の仕事のすべてにある程度、精通して、的確な判断ができなければならない。しかも、メンバーよりも、はるかに多くの活動への貢献、奉仕が期待される。それができなくなったときは、リーダーを止めるときである。リーダーはメンバーの意見をよく聴き、メンバーの希望を実現させるようにして、常に現在よりも高い目標を示し、自己理解のうえに会を前に進めていく役割がある。外部の団体との協働、連帯にも尽力したい。

5　行政の役割と支援策

人々の行政への要望は、どのような項目になるかというと、いずれの調査を参照しても、第一位は、活動の場・施設の提供である。二位以下は、情報の提供、資金の提供、団体・リーダーの育成がつづいている。高齢者の仲間づくりについて、行政の役割と支援策は、①活動の場の確保、②リーダーと団体の育成と派遣、③情報の提供、④資金援助になるであろう。

①の活動の場の確保は、高齢者にとって、最も大切なことである。仲間づくりをするためには、メンバーが集まって活動をする場や施設が不可欠である。これなしには、集会をもったり、教室や講座を開催することはできない。会場を借りるには、公共施設は、ほとんどの場合が無料もしくは、安価である。しかし民間の施設を借りるとなると、一回二時間でもかなりの金額になる。月四回の教室ということになると、数万円になってしまうこともある。この金額を個人でシェアすることはむずかしい。

②のリーダーと団体の育成も、行政の役割として強く要望されている。仲間づくりを行うには、既存の諸資格でいうと、公的資格として、社会教育主事、公民館主事、学芸員、司書などがある。仲間づくりについては、公的資格は少ないから、財団、日本レクリエーション協会など、民間の団体の資格のほうが有効である。これらの有資格のリーダーを、自治体が独自に養成する講座に講師や運営者として依頼すると効果的である。さらに地域に勤務したり、在職している大学教授や専門家を招いて、

自分の地域に適した人材育成講座を実施し、それを修了した人で団体を結成すると、やる気のある実力をもったグループができる。

③の情報の提供については、リーダー、団体、施設、プログラム、教材などについて収集し、コンピュータに入力して、データバンクとして活用していくことが不可欠である。

④の資金援助については、住民が何かアクションを起こせば、必ず資金が必要になる。近年多くの市町村で、市民企画事業を開始している。住民は、市に仲間づくりのための事業計画を申請して助成を受けることができる。さらに市外の助成財団センターに申し込むとよい。

6　事業を視察して

二〇〇九年三月に多摩健康生きがいづくりアドバイザー協議会（多摩健生）主催の「シニアの生きがい、健康と仲間づくりセミナー」を視察した。このセミナーのキャッチコピーは、「セカンドライフを元気で楽しく過ごす秘訣を仲間と一緒に学びませんか」というものである。

日時は、三月一日、八日の二日間で、両日とも日曜日、時間は一〇～一六時まで、会場はＪＲ八王子駅から駅前通り徒歩二分の八王子クリエートホールである。募集人数は三五名で、定員オーバーになった。講座のプログラムは、一日目が「セカンドライフのプラン作り」大山孝（多摩健生会長）、「仲間づくりの実践」小川渚（同会副会長）、「ワークショップ仲間づくりの行動計画をつくる」倉本武明（同会副会長）の四本立てである。

大山さんは、かつて人事部でライフプラン研修を仕事として従事していた経歴の人だから、この分野のベテランで、ライフプランを「経済プラン」（収入と支出両面からチェックし、家族の安定をめざす）、「健康管理プラン」（食生活、運動、休養、ストレスに注意、生活管理がとくに大事）、生きがい開発プラン（自分のもっている可能性にチャレンジ、ライフワークの完成）の三本立てで説明した。

小川さんは「仲間づくり」の実践について、定年後の自由時間は一一万時間もあるのだから、日々やることがあるし、行くところがある、会う人がいるという三つを実行するとよいという三人称の生きがいを提案する。一人称は自分のため、二人称は誰かのため、三人称は他人のためといっている。そのスタンスとして、①自分から積極的に会を立ち上げる、②世話役を買って出る、③できるだけ多くの人に、役割をもってもらう、④記録を残し、継続につなげるの四つのことを提案しているので引用させてもらった。

倉本さんの「仲間づくり」ワークショップは四グループで活動計画を協議して作成し、各グループ五分説明するという進め方である。計画は、「シニアの健康講演会」「山里をのんびり歩こう」「介護の悩みを聞く会」「桜を見る会」「健康づくりの散策」の五つが出てきた。各グループに一人の健生のベテランがファシリテーターを務めて、スムーズなまとめに導いていた。グループ討議が仲間づくりになっていたし、計画の目的は、仲間づくりできるメンバー全員が楽しみながら作成したプランであるから、実行されれば、仲間づくりに大いに役立つと思われた。

二日目の午前は、「仲間と地域活動」についての講演二本が外部講師によってなされて、午後に「八王子の市民活動の現場から」と題して、春田博氏（八王子市市民活動支援センター長）の司会で、市民ユニットリボン代表・大森一美、八王子国際友好クラブ代表・久保田貞視、八王子住まいづくり市民塾副代表・坂野大義、老人クラブ「ゆきやなぎ」代表・細江純子の四名がパネリストを務めた。

多摩健生は一九九五年に設立され、役員クラスは長い経験を活かして、こうした事業の運営に慣れている。本事業は、会を代表するモデル事業に成長していることを改めて感じた。

二　団塊世代以降の社会貢献活動に関する意識

1　全国的な調査の動向

二〇〇七年問題として、マスコミをはじめとして、世上で昭和二二〜二四年までの生まれの人間が一〇〇〇万人を超すということで、各界で大変な話題となった。終わってみれば、団塊世代は一斉に退職することはなく、ほとんどの人が第二の職場を求めて仕事を継続して、大問題は回避できた。

団塊問題に対して、国、地方自治体、民間企業、民間団体など、あらゆる機関がどのように対応したらよいか、対応すべきかということが論議された。各機関はこぞって団塊世代を対象とした調査を実施した。多くの調査がなされたので、それらのなかから主なものを抽出することにし、概要を把握することにした。

(1)　実施主体

調査は、どのような主体が行ったかを調べてみると、表2－2のように、行政、研究所・調査所、企業、団体の四類型になる。そのほかに、大学というのがいくつかあるが、数が少ないので、集計的には研究所のなかに入れることにした。

国では内閣府、都道府県は八件、区市町村が二三件と多く、研究所は民間企業のものが多く、国の所属機関は二件にとどまっている。民間の研究所は、生命保険会社付属のものが多く、人材情報、派遣企業も目立っている。企業については、広告代理店、印刷、新聞社、団体は生協、市民団体、行政ネットワークなどである。

(2)　**実施時期**

団塊を冠した調査が登場してくるのは、二〇〇三年で、行政でみると、内閣府と東京都ということになり、他の機関は、この時点では実施していない。

表2-2　実施主体

①行　政	
国	内閣府
都道府県	北海道，岩手県，千葉県，東京都，神奈川県，富山県，徳島県佐賀県
区市町村	札幌市，秋田市，野田市，千葉市，入間市，桶川市，草加市，足立区，品川区，中野区，港区，東村山市，武蔵野市，三鷹市，多摩市，戸塚区，鎌倉市，座間市，名古屋市，小牧市，阪南市，西条市，大分市
②研究所，調査所	野村総合研究所，リクルートワークス研究所，ニッセイ基礎研究所，ハイライト研究所，労働政策研究・研修機構，高齢・障害者雇用支援機構，日本興亜福祉財団社会老年学研究所，明治安田生活福祉研究所
③企　業	凸版印刷，博報堂，日本通信教育連盟（ユーキャン），北海道新聞，電通，ジー・エフ，ネットマイル
④団　体	神戸生活創造センター，こまき市民活動ネットワーク，東京都市長会

二〇〇四年になると、内閣府、佐賀県、武蔵野市の三件が出てきた。二〇〇五年では、自治体で千葉県、岩手県、足立区で三件、民間で博報堂、凸版印刷、研究所・調査所でニッセイ基礎研究所、リクルート、野村総合研究所など、合計で八件と急増している。

二〇〇六年以降は、自治体の調査が二ケタの数になり、合計で一九件とピークを迎え、最も多くなる。その後二〇〇七年には一四件と減少し、二〇〇八年には一ケタの数字になっている。

(3)　主な調査内容

調査内容を分類してみると、表2－3のように六つに分けることができる。この分類は、あくまでも強調されている視点や内容を重視して集計したもので、たとえば、①就業・仕事に分類したが、その他の地域活動とか、生きがいとかの質問項目がまったく入っていないということではない。以下で分類別にみていくことにする。

①就業・仕事では、自治体が都県で三件、市で三件、研究所が二件で合計八件である。②生きがいでは二件と少ない。③地域活動は、内閣府、東京都、市レベルで五件、研究所一件となっている。④日常生活では、内閣府、自治体三件、民間企業二件である。⑤セカンドライフは二件、⑥趣味・余暇は一件と少ない。

(4)　調査サンプル数

調査の状態を知るためには、サンプル数というものが、きわめて重要な情報となる。全体の五六件のうち、不明なものも出てきた。把握できたものを集計してみると、五〇〇以下が一二（凸版印刷、博報堂、野村総研、ユーキャンなど）、五〇一～一〇〇〇が二（ニッセイ基礎研、多摩市）、一〇〇一～三〇〇〇が二七（佐賀県、リクルート、岩手県、西条市、品川区など）、三〇〇一～五〇〇〇が五（草加市、大分市、戸塚区、港区、武蔵野市など）、五〇〇一～九九九九が二（労働政策研究、札幌市）、一万以上が六（千葉県、東京都、阪南市、品川区など）、不明が四で、計五六になった。

集計結果でみると、圧倒的に多いのは、「一〇〇一～三〇〇〇」サンプルで二七件となっている。それ以外では、一〇〇〇サンプル以下が一四件で続いている。一万以上というのは、四件と大変少なくなる。組織の大きさとサンプル数は比例していない。調査主体の目的と予算によってサンプル数が決められているのだろう。

表2-3　主な調査内容

①就業，仕事	東京都（2003年），千葉県（2005年），秋田市（2006年），千葉市（2006年），野田市（2006年），神奈川県（2006年），労働政策研究・研修機構（2006年），高齢・障害者雇用支援機構（2008年）
②生きがい	武蔵野市（2004年），座間市（2007年）
③地域活動	桶川市（2006年），東村山市（2006年），戸塚区（2006年），中野区（2007年），三鷹市（2007年），東京都（2008年），日本興亜福祉財団社会老年学研究所（2008年）
④日常生活	内閣府（2004年），博報堂（2005年），鎌倉市（2006年），港区（2006年），阪南市（2007年），北海道新聞（2007年）
⑤セカンドライフ	野村総合研究所（2005年），こまき市民活動ネットワーク（2008年）
⑥趣味，余暇	日本通信教育連盟（ユーキャン）（2006年）

2　各地の意識調査の定量的比較

収集した意識調査五六件の内容をつぶさに精査してみて、共通している事柄、項目などを洗い出してみた。しかし、共通項目での比較ということはむずかしかった。その理由は、調査項目や表現の違いがあって、公約数を見いだすことができにくいのである。

それでも、共通項目で集計できる項目があったので、以下に分析してみることにした。

(1)　地域活動の参加者と今後の意向

地域活動の現状については「している」という回答で、三市の比較ができる。活動内容では、①町会・自治体から、②その他まで七分野で集計した。集計結果では、三市しか比較できないので、たいしたことは指摘できないが、「趣味・サークル」が三市とも高い割合になっている。

各市とも、桶川市二六%、大分市二七%、野田市二三%という比率で、近似の数字である。①町会・自治会は、それぞれ一三%、三六%、二〇%と、地域による違いが出ている。大分市だけが三六%と特別に高い割合である。

一方、「したい」という希望値は七市で出ている。とかく「希望値」は、高い数値が出やすい。だから、一般的にはその希望値は、そのままのかたちで受けとめてはいけないといわれる。しかし、表2－4に関しては、高い値が出ているのは品川区、「趣味・サークル」（四〇%）、「勉強・習い事」（三八%）、「仕事」（二九%）と秋田市で、「ボランティア・NPO」（七〇%）、「趣味・サークル」（五八%）は例外的に高い数値が出ている。このあたりは、統計的にやや違った集計法が取られたために、高過ぎる数値が出ているのであろう。

「仕事」に着目して、数値の出ている東村山市、岡山市、品川区、横浜市についてみると、それぞれ二三%、七%、二三%、二九%という割合である。岡山市の七%だけが小さくて、他の三市は二〇%台で近似の数字となっている。

(2) 仕事についての意識

「仕事」について、六〇歳以上も働きたいかを「働き方」で問うた調査結果をみると、正社員の割合は、四市で二七～二九%という数字が出ている。秋田市の数字（一七%）を除けば、二〇%前後ということになる。「パートタイム」については、品川区（二一%）、名古屋市（三九%）、神奈川県（三三%）とやや減る数字が出されている。

表2-4　地域活動の参加者と今後の意向

	桶川市	大分市	小牧市	東村山市	岡山市	野田市	横浜市	品川区	秋田市	多摩市
現状	している	している	したい	したい	したい	している	したい	したい	したい	したい
①町会,自治会	13	36		14	25	20	3	10	27	
②ボランティア,NPO	6	0	11	27	15	30	7	17	70	22
③趣味,サークル	26	27	21	14	25	23	14	40	55	31
④勉強,習い事				16	11		17	38	−	19
⑤仕事				23	7		23	29	−	
⑥起業							5	9	−	9
⑦その他		22 (PTA)								

注：その他の地域　三鷹市

働きたい年齢についての数値であるが、「六〇～六四歳」については、五事例のうちで三事例が上位となっている（入間市、品川区、岩手県）。

一方では、「六五～六九歳」は、小牧市、労働政策研究・研修機構が上位になっていて、それぞれ五〇％、四三％となっている。しかし、入間市（一五％）、岩手県（一三％）は低い数値になっている。七〇歳以上は、労働政策研究・研修機構（二四％）を除くと、二〇％以下という数値である（小牧市、入間市、品川区、岩手県）。

一方では、秋田市はかなり低い数値になっている。

「自営・起業」についてデータが取れたのは、秋田市（一七％）と野村総研（一五％）で、両者の数字はほぼ同値である。「アルバイト」について名古屋市（二七％）が高く、それ以外は小牧市（一九％）、品川区（一三％）、岩手県（一三％）となっているが、入間市（二％）だけは、きわめて低い数字である。

起業の「意志あり」の割合は、やや高い割合の事例として、座間市（一五％）、野村総研（一五％）、秋田市（一七％）の三事例で、逆に低い事例として、品川区（三％）、千葉市（六％）、岩手県（五％）、港区（六％）の四件である。

(3)　コミュニティ・ビジネスについて

コミュニティ・ビジネスについいは、四市の比較をすることができる。参加意欲についての数字は、表2－5のように三市の結果を集計してみた。

「大変興味ある」は、三市ともやや近い数値（一六％、一一％、九％）になっている。「多少興味がある」の割合は、秋田市（四三％）、座間市（五〇％）に比べて、品川区（二八％）はやや低くなっている。「興味ない」の数字は、高い数字の秋田市（三九％）に比べて、品川区（二一％）、座間市（一一％）は低い。

仕事・起業の発展線上にコミュニティ・ビジネスがある。この活動分野で四市を比較すると多いのは、「自然環境保護」で共通している。四市のなかで三市で一位になっている（三一～五一％）。

第二位は、「まちづくり」で一九～三七％となっている。三位は、「高齢者・障害者サービス」（一五～五〇％）である。いずれにしても、活動の意志は全体として高く出過ぎているように思われる。実際にはそれほど高くコミュニティ・ビジネスに参画することはないであろう。

表2-5　コミュニティ・ビジネスへの意志

参加意欲	秋田市	品川区	座間市
大変興味ある	16	11	9
多少の興味がある	43	28	50
興味ない	39	21	11
わからない	－	36	35

表2-6　コミュニティ・ビジネス

活動分野	座間市	草加市	秋田市	品川区
イベント企画	13			－
高齢者・障害者サービス	15	17	22	50
育児・子育て	11		3	17
文化・芸術	10		36	－
スポーツ	5		19	－
健康・食	12	24	7	－
パソコン	4	21	－	－
自然環境保護	31		51	50
国際交流	6		3	－
まちづくり	－	21	19	39

(4) 地域活動への意志

地域活動の意志（ボランティア活動を含む）は、「している」と「していない」で数字を集計してみると、「している」は東村山市（五七％）、武蔵野市（五八％）ときわめて近似の数字になっている。

一方、「したい」という数字は、ユーキャン（六七％）、東京都（六七％）、港区（七〇％）と似た数字である。しかし、なんとも高過ぎる数字である。実際は、これほど高い数字にはならないと思うのである。

次に、生きがい・力を入れたい分野について、共通項目を取っている六区市と一つの研究所の調査を集計してみた。

ここでも共通して読み取れることを見いだすのはむずかしい。各分野別にみると、「仲間との交流」では、中野区（五五％）、武蔵野市（四一％）は高いが、逆に野村総研（一一％）、港区（二七％）はかなり低い。「旅行」についても、中野区（五三％）、野村総研（六八％）は高いが、戸塚区（一六％）、東村山市（一五％）は低い、「スポーツ」についても、同じことはいえて、中野区（四一％）だけがかなり高くて、他の六件はすべて三〇％以下である。

「趣味」は大別すると、四〇％以上が中野区、武蔵野市、野村総研、港区の四件あって、三〇％以下が戸塚区、東村山市、桶川市、の三件である。「家庭」も同じ傾向で、三〇％以上が中野区、武蔵野市の二件、それ以外は、三〇％以下が四件である。「仕事」についても、二つに分類できる。つまり、四〇％以上の武蔵野市、野村総研、港区に対して、三〇％以下が戸塚区、東村山市、桶川市である。このように全分野で大きく二つに数字が分かれる。平均値が出てこないのである。

三　各地の社会参加意識調査の比較分析

二〇〇九年度調査を進めるために、財団では、全国レベルで団塊世代を対象とした先行調査の洗い出し作業を新聞、雑誌、報告書、出版物など紙媒体の調査を行った。それと同じように、インターネットで同様に検索作業を行った。

その結果は、前述のように五六件の事例を洗い出すことができた。集計分析の手法として、同一の調査項目、近似の調査項目で、公約数として集計できる調査はすでに定量的比較の視点で分析し、前述の結果として取りまとめてみた。しかし、それは大量の調査結果の一部にしかすぎなかった。そこで、定量的な把握ではなく、定性的におおまかな傾向が読み取れる調査について、(1)団塊世代の特性、(2)地域活動の実態（非経済活動）、(3)仕事・コミュニティ・ビジネスなど経済活動、(4)活動上の問題点、(5)行政の支援策の五つの視点で取りまとめてみることにした。

これらのとりまとめには、努めて各調査のデータを忠実に引用した。各調査で明確になったデータを収録して、各調査結果の違いや

表2-7　生きがい・力を入れたい分野

	中野区	武蔵野市	戸塚区	東村山市	桶川市	野村総研	港区
仲間との交流	55	41	−	−	−	12	27
旅　行	53		16	15	−	68	−
スポーツ	41	25	6	10	−	26	16
趣　味	40	43	12	30	10	57	43
家　庭	37	47	17	20	22	−	27
健　康				45	31	−	18
仕　事		54	23	15	10	78	49

同一性を明らかにしたいと思う。従来の、この分野の調査と今回の調査結果との大まかな違いは、団塊世代に関しては、経済活動が前面に出ていることである。このために三番目に柱を立てて論じることにした。国内で実施された調査のなかで主たるものは抽出したつもりである。

1　団塊世代の特性

いくつかの調査結果を引用してみたい。まず、東京都「退職後の団塊世代の活用についての調査」(二〇〇四年)では、以下のようにまとめている。

①東京の団塊の世代を中心とする五〇歳代は元気であり、多様な生き方をしている。

一　高学歴で管理・専門的職業が多い。

二　健康に自信を持っている(約九割)。

三　「仕事以外のネットワークがある」(約四割)、「肩書きがなくても平気」(六割弱)など会社人間だけではない多面性を持っている。

四　五年後の東京の生活は「住みにくく」(五割強)「働きにくく」(七割)なっていると思っているが、東京脱出の準備を行っている者は極めて少ない。

五　NPOやボランティアへの参加は、今は少ないが(一割)将来は参加意向あり(四割)。

②雇用不安はあるが、多様な就業形態とそのための支援を希望している。

また、中野区の調査では、団塊世代について、「レジャー志向が強く、アクティブな老後を過ごしたい」という人が多く、楽しみとして、①仲間との交流(五八%)、②旅行(五六%)、③スポーツ(四二％）、④文化的趣味（四〇％）などを希望している。

一方では、「働けるうちは、いつまでも働きたい」（七二％）と仕事を続けたい気持ちが強い。「定年までで、働くのはよい」（一七％）とこちらは少ない。

ユーキャンの調査では、定年後のイメージとして、「質素倹約」（七四％）、悠々自適（二六％）と分析している。定年後やりたいこととして、国内旅行（六八％）、海外旅行（五五％）、パソコン（五二％）、映画鑑賞（三九％）、ウォーキング（三五％）といった活動をあげている。

埼玉県桶川市は、六〇歳過ぎたらやってみたいこととして、再就職（一九％）、起業（二％）、ロングステイ（三％）、資格取得（一％）、趣味・ライフワーク（五三％）、ボランティア（八％）といった活動を出している。

佐賀県の調査は、団塊世代について、興味深い結論を出しているので、引用させてもらうことにした（同調査二〇〇四年　第一章一～二ページ）。

①半数の人は、生活にゆとりを感じている
②学びたいことは、パソコンがトップ
③生涯学習の主な阻害要因は、仕事や家事で時間がとれないこと（実践の割合二八％）
④趣味、公的機関、週一回が平均
⑤ボランティア活動や地域活動への取り組みも考えている
⑥六割強の人は、生涯学習への取り組みを考えている
⑦これからの情報収集、提供はインターネット（三〇％）

岩手県の調査は、「生活上の関心」について調べている。その結果は、「自分の健康」（五九％）「家族の健康」（五〇％）と「老後の生活費」（四九％）の三つが最も高い。生活を支える収入を得ることも重要であり、引退は六一～六五歳（三二％）、六〇歳（一九％）、六六～七〇歳（一三％）、生涯現役（九％）となっている。

経済活動の必要な理由は、以下のようになっている。

活動しなければ生活できないから	六九・一％
元気なうちは活動したいから	五四・四
将来の生活が不安だから	四五・九
お金にゆとりのある生活をしたいから	二九・〇
自分の小遣いを得たいから	一八・二

武蔵野市は、「生きがい」について、現在と将来について聞いている。割合の高い活動として、趣味、勉強・習い事、就業・仕事がベスト3である。

佐賀県は、仕事（五一・四％）、趣味（五一・二％）、家族の団らん（四七・二％）、友人・仲間と過すこと（四一・二％）、子や孫の成長（三二・七％）、スポーツ（二五・一％）、習い事（一三・六％）、ボランティア活動（九・六％）などとなっている。

佐賀県の調査報告書は、県民と行政の両方に提言を出している。これは団塊世代の特性について、きわめて傾聴に値する事柄を出しているので引用させてもらった。

県民（団塊世代へ）

①見つけようあなたの生きがい
②趣味から始める地域の仲間づくり
③あなたもできる一人一技一貢献
④あなたが主役のまちづくり
⑤行ってみませんか、身近な学習教室へ

行政への提言

①多様な学習ニーズに対応する情報や学習機会のシステムの充実
②趣味の同好会やサークルにもアンテナを伸ばす
③団塊世代は、生涯学習や地域活動のリーダー予備軍
④団塊世代はこれからのまちづくりに欠かせない存在
⑤生涯学習関係機関、職員の資質が問われる

2　地域活動の実態

地域活動は地域を基盤にした多様な活動で、主体は非経済活動である。どこの自治体も団塊世代の調査のなかで、この活動についてデータを取っている。ここでは、それらのなかから、東村山市、品川区、東京都、町田市、千葉市の調査を取り出して、比較をしてみたい。

東村山市の「六〇歳以降やりたいこと」をみると、ベスト3は、趣味やスポーツ（三六％）、旅行（三四％）、地域活動（二八％）と地域活動は第三位になっている。ちなみに、勉強や習い事（一六％）、

仕事（二四％）、地方や海外で暮らす（一四％）は少なくなっている。地域活動の内容は、ＮＰＯ活動（一一％）、ボランティア活動（一六％）、趣味、スポーツのサークル（一四％）の分野である。

　次に具体的な地域活動の分野について聞いている。その結果は以下のとおりである。

まちづくりの推進	九％	子どもの健全育成や教育	九
学術、文化、芸術またはスポーツの振興	一一	情報化や科学技術の振興、発展	三
環境の保全	九	男女共同参画、人権、平和、国際協力など	五
災害救援や地域安全	二	特に決まっていない	六
産業振興、消費者の保護	三	保健、医療または福祉	八

　分野は多様で、上位のものとして、学術・文化・スポーツ（一一％）、まちづくりの推進（九％）、環境の保全（九％）、子どもの健全育成（九％）などがみられる。全体として、分散している感じがする。

　この調査で、興味深かったのは、地域活動に関する「特技・専門知識、経験、技術」を調査していることである。

　こういう項目を聞いているのは珍しいことで、地域活動に特技が必要と常々考えているので、引用させてもらった。

華道・茶道・書道・着付け	三％	語学	二
俳句・詩吟	二	人事・総務、経理・財務、営業、製造	一六
囲碁・将棋	七	保険・食生活・料理・子育て・保険・教育	一二

絵画・音楽	九	介護・看護・手話・点字	九
スポーツ	一七	特にない	一七
パソコン・インターネット	一五	その他	一〇
手芸・フラワーアレンジメント・ガーデニング	四	回答なし	五

大別すると、前半は、趣味的な特技、技術であり、女性が多いのに対して、後半は、男性、サラリーマンや退職者のもっている特技である。これまでは、こうした職業で身につけた特技や経験が地域活動として評価されることが少なかった。しかし、これからは、もっと重視されて活躍してもらう必要がある。

桶川市の調査では、地域活動の参加率は四六％で、その活動内容は趣味やスポーツ（二六％）、自治会、町内会（一三％）、ボランティア活動（六％）などである。地域活動以外では、希望値で、再就職（一九％）、起業（三％）、海外ロングステイ（三％）、国内移住（四％）などが出ている。

品川区の地域活動への参加状況は、参加度合いを取っていることが興味深い。全体としては、参加率は、高くない。「働く」が六一％であるのに対して、地域活動は多いもので「町会、自治会」（二七％）「交通安全、防災、防犯」（一八％）スポーツレクリエーション（一四％）などである。

地域活動の意向について、東京都の調査は、男女によって、かなり違っている。男性の場合は、「地域のまちづくり」「町内会・自治会」が上位を占めている。女性は、「子育てや子どもの健全育成支援」が、第一位となっている。男女とも「文化、スポーツ、レクリエーション」は上位になっている。

地域活動の男女差については、野田市の場合も、男性は町内会・自治会（三五％）、防災・防犯（四五％）が高く、女性は福祉、介護（四〇％）、日常生活支援（三一％）が上位を占めている。東京都と同じ傾向が出ている。

千葉市の調査では、地域活動の経験率を取っている。高い順に並べてみると、隣近所とのあいさつ（九二・七％）、自治会など地域の活動（五六・四％）、サークル活動（三八・七％）、隣近所との防犯活動（二六・六％）、清掃ボランティア（二一・一％）、地域人との交流活動（二〇・〇％）、地域の課題解決活動（一一・二％）、介護・子育てボランティア活動（七・二％）ということになる。

同調査では、希望する暮らしをするために、今準備していることを聞いている。とても興味深いので、掲載させてもらった。

情報収集している	三〇・三％
準備をする暇がない	一四・七
資金を貯めている	二一・四
何をして良いのか分からない	一六・〇
必要な技術を習得している	一七・六
ない	二〇・四
仲間、ネットワークづくりをしている	一三・五
その他	二・九

表2-8　興味のある地域活動等の内容（東京都）

	第1位	第2位	第3位	第4位	第5位
男　性（189人）	文化・スポーツ・レクリエーション（49.2％）	地域のまちづくり（41.8％）	町内会・自治会活動（33.3％）	清掃やリサイクル・環境保護活動（32.8％）	子育てや子どもの健全育成支援（29.1％）
女　性（192人）	子育てや子どもの健全育成支援（48.4％）	文化・スポーツ・レクリエーション（45.3％）	清掃やリサイクル・環境保護活動（37.0％）	地域のまちづくり（29.2％）	高齢者や障がい者をもつ方への支援（27.1％）

３　仕事・コミュニティ・ビジネスなどの経済活動

この分野については、仕事の意欲、働く目的、働き方、などが主にデータとして取られている。近年、とくにコミュニティ・ビジネス、起業についての関心が高くなっているので、調査項目に入れている自治体が多かった。以下では、野村総研、品川区、座間市、ユーキャン、千葉市などの調査の比較をしてみた。

仕事・コミュニティ・ビジネスについての調査結果で、多様な視点で実施しているのは、野村総合研究所「セカンドライフに関するアンケート調査」である。いくつか興味深いデータを引用してみることにしたい。

まず、六〇歳以降も仕事を続けたいという意思は、七八％である。その理由について、「頭や体をなまらせない」（六二％）、「経済的理由」（六一％）、「自分の生きがいやりがい」（四八％）が、上位を占めている。

頭や体をなまらせないため	六二・七％	生活には困らないが、小遣い稼ぎのため	一九・九
経済的な理由、老後の生活資金のため	六〇・九	今の会社の人たちとつながっていたいから	一〇・五
自分の生きがいやりがいのため	四八・一	これといって他にやることがないから	五・四
家にずっといるのは嫌だから	三六・一	その他	二・三
もっと社会に役立ちたいと思うから	三〇・二		

六〇歳以降の働きかたについては「定年延長」（三九％）、「パート、アルバイト」（一六％）、「起業」（一五％）、「他の会社で契約社員など」（一五％）、「独立専門家」（八％）となっている。

次に、働くことについての現状と希望の違いについて読みとれる調査として、品川区を引用してみたい（「団塊世代の社会参加に関するアンケート調査」二〇〇八年）

団塊世代（昭和二二～二四年生）は、男性の七三%、女性の六三%が働いている。就業形態は、正社員（男性四〇%、女性二七%）、パート・嘱託（一一%、八%）、パート・アルバイト（五%、四〇%）などである。何歳まで働きたいかというと、六五歳まで（五三%）、六六～七〇歳（三一%）、七一～七五歳（六%）、七六歳以上（七%）という回答である。

コミュニティ・ビジネスについては、「誘われたら働いてもよい」（二八%）、「職員として働きたい」（六%）という考え方で、その分野として以下のとおりである。

座間市調査では、コミュニティ・ビジネスの参加意欲は、すぐに活動したい（一五%）、仕事をやめたら活動したい（一六%）などである。分野として、参考までに、男女別の数値を引用してみた（前半男性、後半女性）。

イベントの企画・運営、地域おこしに関する活動	（八・一%、四・九%）
高齢者や障害者の福祉や生活に関わるサービス	（五・一%、一〇・三%）
日常生活の軽度な手伝い	（六・二%、一一・九%）
育児や子育て中の親への支援	（一・九%、九・七%）
児童・生徒や学校への支援	（四・一%、三・二%）

文化や歴史、芸術などに関わる活動（四・七%、五・〇%）
スポーツの指導・支援に関する活動（四・二%、〇・九%）
食や健康に関する活動　（三・一%、八・七%）
パソコンなどＩＴ関連　（三・五%、一・〇%）
自然環境保護やリサイクルに関する活動　（八・五%、六・〇%）
生活環境を守る活動　（九・七%、七・二%）
国際交流に関する活動　（三・七%、二・一%）
分野に関わりなく、組織や団体の事務局支援　（三・四%、二・九%）
分からない　（九・七%、一三・一%）

ふたたび仕事の意向についてデータを見てみることにしたい。これからは、資格や特技が求められるに違いない、資格取得してみたい種別は以下のようにバラエティに富んでいる（ユーキャン「団塊サラリーマンの意識調査」二〇〇六年）。

「これから取得してみたい資格はありますか?」（回答者数：三〇〇人／複数回答）の質問に対して、第一位はマンション管理士（三〇人、一〇・〇%）、第二位は英検（一七人、五・七

図2-1　コミュニティ・ビジネスで働きたい分野

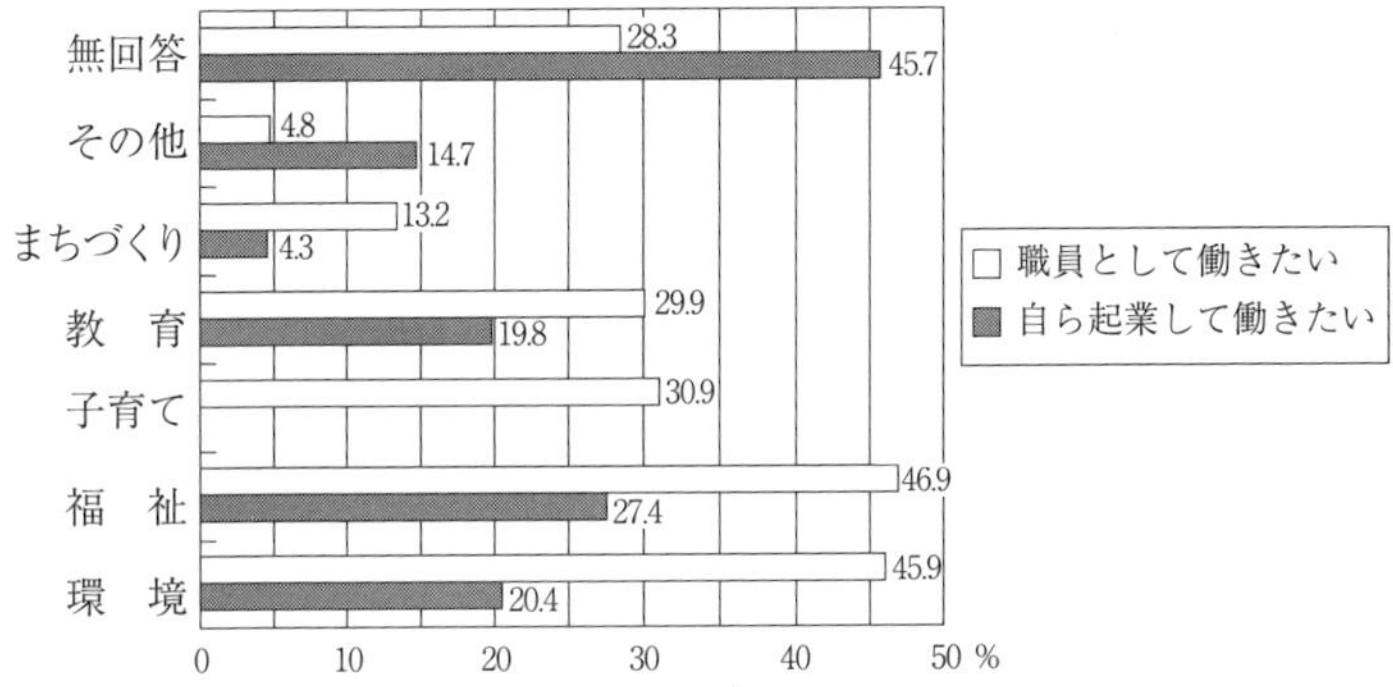

%）、第三位はファイナンシャルプランナー（一六人、五・三%）、第四位は社会保険労務士（一五人、五・〇%）、第五位は気象予報士と行政書士（一四人、四・七%）、第七位は宅建主任者と中小企業診断士（一三人、四・三%）、第九位は漢字検定と介護福祉士、ケアマネジャー（一一人、三・七%）であった。

団塊世代が希望する一カ月当たりの賃金は、「二〇～三〇万円」（三三%）、三〇万円以上（二四%）、一五～二〇万円（二〇%）、一〇～一五万円（一六%）などかなり高い。実際には、これだけの月収を得ることはむずかしいと思われる（神奈川県「働き方意識調査」二〇〇六年）。

千葉市の調査は、コミュニティ・ビジネスについて、大変詳しい項目を数多く把握している。「起業」の有無について、「したい」という人は六%、「所属したい」一五%という割合である。コミュニティ・ビジネス（NPO活動も含む）の分野では、生活支援サービス（便利屋的な仕事）（四四・七%）、技術を活かした活動（三九・四%）、地域のまちづくり活動（三八・三%）、リサイクル・環境活動（三三・五%）、組織や団体の事務作業（二六・六%）、高齢者のためのサービス（二三・九%）、文化・芸術活動（二三・九%）、パソコンなどのIT関連サービス（二一・三%）、児童・生徒や学校への支援活動（一七・六%）の順位になる。

これらの活動に週何回位出られるかの問いに、五日以上（七%）、三～四日（四七%）、一～二日（三五%）、一カ月当たりの収入は五万円未満（一〇%）、五～一〇万円未満（二一%）一〇～一五万（一五%）二〇万円以上（二三%）という分布になっている。自己資金については、一〇〇～五〇〇万円未満（二六%）、一〇〇～二〇〇万円未満（二九%）などである。

4　活動上の問題点

この項目についての調査は、どういうわけか、いずれの調査主体もあまり、重視していない。それは、多分実態の把握、分析に力点をおいていて問題点の洗い出しは重視されなかったのだろうと思う。以下では、内閣府、中野区、米原市、労働政策研究・研修機構の事例を比較している。

生涯学習をしていない理由について、内閣府「生涯学習に関する世論調査」（二〇〇八年）をみると、①忙しくて時間がない（四五・四％）、②きっかけがつかめない（一六・四％）、③費用がかかる（九・〇％）、④子どもや親などの世話をしてくれる人いない（七・七％）、⑤そういうことは好きでなく、面倒（七・三％）、⑥身近な所に施設や場所がない（六・六％）、⑦必要な情報が入手できない（五・八％）の順位になる。

活動をしていないということは、その理由があるわけで、同種調査では、常も「時間がない」が最大の理由になる。ただ残念ながら、本当の理由である意欲（やる気）は、こうした調査では常に選択項目に入っていないのである。

まず、中野区の「団塊世代調査」（二〇〇七年）を参照すると、地域活動団体の担い手は、五〇～六〇代で、ボランティア団体（八一％）、ＮＰＯ法人（六六％）、町会・自治会（六二％）となっている。そこで、人材面で困っていることとして、図２－２のように、高齢化を筆頭にして、メンバーの数が増えない。役員のなり手がいない等の問題が出てきている。

人材に期待する能力、技量では、「行動力」「企画力」「知識」「人脈」「パソコンなどのスキル」五項目があげられている、まことにそのとおりだと思う。

米原市の調査では、活動の頻度についてデータが取られている。

ほぼ毎日	六人	月に二日程度	一八三
週に二~三日程度	三四	月に一日程度	一六二
週に一日程度	一五八	その他	二九

これをみると、月に二日、一日がかなり多くて、週一日は、きわめて少ない。週一回は、けいご事としてはよいだろうが、地域活動では無理に思える。ほぼ適当な結果が出ているのであろう。

そこで、参加できない理由について問うと以下のように、「仕事が忙しい」が圧倒的に多くなる。

仕事などで忙しい	一二一人
自分のことを優先したい	七六
他人と関わるのが面倒	三三
その他	五〇

最後の項目である「その他」の内容は、「病気がち、体が不自由なため」「孫の子守のため」「新興住宅で機会が少ない」「夫や若い世代に任せている」「これまで散々やってきた」「親の介護」である。

図2-2　人材面で困っていること

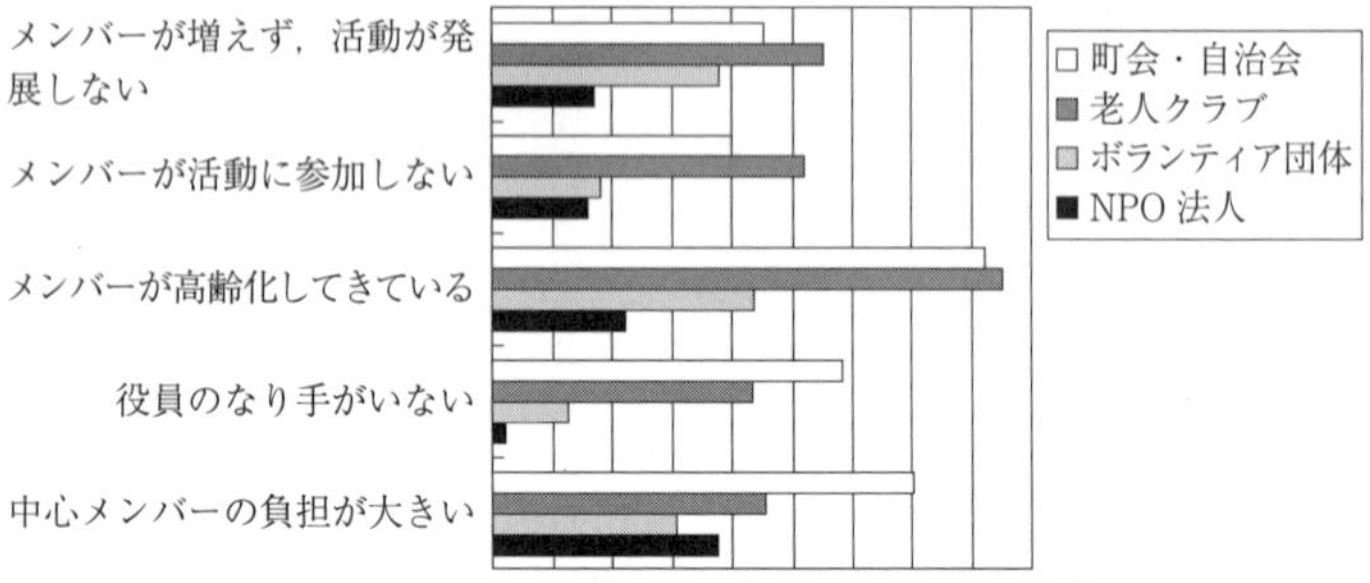

活動を継続していくためには、健康生活資金、生活の安定など、個人的要因と活動を支援する施設、場所、情報、機会など社会的条件の二つがある。労働政策研究・研修機構の調査では、このあたりのことを聞いて次のような結果を出している（「団塊世代の就業・生活ビジョン調査」二〇〇九年）。

①自分の健康　七五％　⑤老親の介護　三三
②配偶者の健康　六五　⑥仕事のこと　二一
③生活資金　五五　⑦住居の確保　六
④子どもの問題　三五

社会的条件について、住民意識調査はほとんどデータを取っていないが、これは仕方がないことだと思う。

5　行政の支援策

調査主体は、市を中心とする行政が多い。そのため、住民も行政に対する希望、要望は、いずれの調査でも出されている。以下では、品川区、野田市、米原市、千葉市、労働政策研究・研修機構の調査を事例として、比較を行ってみることにしたい。

団塊問題への行政の対応は、調査項目として入っている場合と入っていない場合がある。どちらかというと、入っていない場合のほうが多い。調査の内容が住民の行政への希望を取っているケースと行政側の施策の評価を行っているものと二種類が調査では見られる。

前者のケースが多くて、品川区は、「スキルや知識を地域社会に役立てたいときに、あるとよい取り組み」として、以下の項目を希望している。

- ＮＰＯやボランティア活動に関する情報提供や講習会　三五・九％
- 同年代のネットワークづくりとなる機会　二八・二
- ボランティア活動等に対してポイントが付き、そのポイントに応じてサービスや割引が受けられる仕組み　二九・三
- 活動する拠点の設置・整備　三一・六
- その他　五・七
- 無回答　一二・三

また、職業・仕事を継続していきたい時に必要な事業として、以下の項目を希望している。

- 就業や生活設計の情報提供・相談窓口　五五・〇％
- 転職や再就職を支援する研修・訓練　四五・〇
- 起業のための公的機関等での講習会　一二・四
- 職業能力などの適正テスト・診断　二〇・〇
- 専門能力教育・研修期間のコース　二七・五
- その他　三・九
- 無回答　一〇・四

回答として、相談窓口、研修・訓練、講習会等に対する希望が強い。区の事業のなかで利用したいのは、ボランティアセンター（二一％）、シルバー人材センター（二六％）、シルバー大学（二九％）、

ふれあいサポート活動（一六％）、無料職業紹介場（一九％）などがあげられている。

同じように、野田市も住民が行政に何を期待しているかを聞いている。とくに再就職についての支援策として、「情報提供、相談窓口の開設」（七二％）、「セミナーや職業訓練の開催（一六％）が高い割合である。地域活動についても「相談窓口」（四九％）、「セミナー講座」（三六％）。この調査は、地域活動の形態別に支援策のデータを取っていて、興味深い。

米原市も市民が地域活動をするときに、「どのような取り組みがあるといいか」ということを聞いている。

一	NPOやボランティア活動に関する情報提供や講習会	二三三件
二	同世代のネットワークづくりとなる機会	二五四
三	ボランティア活動にポイント制度を導入し、サービスや割引が受けられるしくみ	一九五
四	活動するための拠点の設置・整備	三二四
五	その他	三五

市の報告書のコメントを引用すると、「自身のスキルや知識を地域社会へ役立てたいという意欲があっても、なかなか自分一人で行動に移すことは難しいのが現状です。それを手助けできる活動拠点や施設があれば、もっと地域活動への参加がしやすくなり、活躍する人が増えると考えられます」となっている。

職業、仕事についての市への要望として、以下の項目が出される。

一　就業や生活設計のための情報提供・相談窓口　四六二件
二　転職や再就職を支援する研修・訓練　三五五
三　起業のための公的機関等での講習会　六九
四　職業能力などの適正テスト・診断　九〇
五　専門能力教育・研修機関のコース　一四四
六　その他　三四

市側のコメントは、「働く意欲が高く、就業のための情報提供や相談窓口設置を希望されています。ハローワークの情報だけではなく、コミュニティ・ビジネスなど身近な就業情報を提供できる仕組みが必要となっています」と述べられている。

市政の情報入手の方法としては、市広報（七五三件）、自治会回覧板（五〇六件）、ケーブルテレビ（四九一件）、一般の新聞、テレビのニュース（二二七件）、ポスター・チラシ（一八五件）などが多く、市のホームページ（五一件）、パソコン・携帯電話のメール（二一件）は少ない。

千葉市の調査では、市の支援策として、次のような項目が具体的に述べられている。

① 定年前の準備段階→情報提供、相談窓口
② 定年後何も考えていない段階→成功事例の紹介
③ 起業したいが、技術がない段階→技術スキル取得の講習会、活動事例の紹介
④ 起業したいが、ノウハウがない段階→起業講座、相談窓口
⑤ 起業するステージ→起業資金の支援、活動拠点の提供

⑥　コミュニティ・ビジネスに参加する段階→組織についての情報提供、組織とのマッチングの仕組みの提供

千葉市の場合は、調査から得られた数値を基にして、きめ細やかな支援策を提案している。行政の支援策としては、時間、場所、情報、経費、技術、組織づくりなどがある。多くの調査が、こうした視点で調査項目を立てていないので、支援等の細かいデータは取り上げられなかった。

最後に、就業継続のための支援策には、どういうものがあるかを聞いている（労働政策研究・研修機構）。

・定年年齢以降も引き続き雇用を継続する制度整備	四二・六％
・定年年齢の延長	三二・六
・少ない日数での勤務ができるようにする	二九・三
・短時間勤務ができるようにする	二八・四
・賃金や処遇を見直す	二七・六
・技能や知識の引継ぎのための指導者として活用	一七・九
・定年年齢そのものの撤廃	一一・九
・高齢者の再教育や訓練を行う	七・七
・特別の措置は必要ない	一七・四

主な支援策として、継続雇用、定年制の延長、短時間勤務、仕事内容の見直しなどが明確に出てきている。導入できるところから着手してもらいたいものである。

四　高齢者の地域活動を応援する

地域活動は、長い間、多くの人々の注意を引くことは少なかった。人々は、すべての生活を容易に便利にしてくれる収入を得る経済活動に走ってきた。しかし、近年、それでは、本当に心豊かに安心して暮らしていけないことに気づいてきた。

生きていくために、老いも若きも職場を確保して収入を得るとともに、全人的なつき合い、助け合い、寄り合いを求め、地域活動に対して関心を高めている。以下では、地域社会の大切さ、地域デビューの必要性、地域活動の進め方、活動の質を高めるためにはどうしたらよいかなど地域活動の意義とかかわり法などについて述べることにしたい。多くの高齢者が職場中心の経済活動を卒業したら地域にもどって本当に自分の好きな活動をしてもらいたいと思う。

1　地域社会の大切さ

地域デビューということは、かつては、子どもが小学校に通うようになれば、子ども会、結婚して新しい家族をつくれば、隣組、町会に入り、仕事を退職すると老人会というように、人生の歩みのなかで自然に運ばれていた。しかし、現在においては、子どもは学校、成人は家庭や職場という主たる生活舞台に拘束される度合いが強く、地域とのかかわりは、希薄になってしまった。

したがって、人は、いつの時点かで、自然に地域に出ていけなくなったので、自覚して、ある覚悟をもって地域にデビューしなければならない。こうした覚悟は、人によって、容易な人と容易でない人がいる。容易な人は、すでに、こうした意識や覚悟をしなくても、なんの抵抗もなく、いつの時点かでデビューを自然に済ませて、地域に出ていける。

問題は、老若男女を問わず、覚悟をしなければならない人に対して、地域の活動は、楽しいし、生きがいになるということを説得しなければならないことである。人は、年齢に関係なく生活の主たる舞台をもっている。前述のように、子どもと学生は学校、成人は家庭や職場であるが、一方では、所属する家庭をとおして、地域のなかで暮らしている。

現代社会は、多くの人が地域とのかかわりは薄い。薄くても、文明の高度な発達によって、金銭さえ持っていれば、生活に必要な大体のことは、確保できる。多くの人が地域のなかで暮らしていることを忘れている。しかし、世の中の変化は、これまで良かれということで進んできた仕組みだけでは、日々の生活が楽しくならないし、生きがいも感じられないということがわかってきた。

ここで大切なこととして、もう一つの生きがいのチャネルとして地域への関心が高まってきた、職場、仕事の場からは、決して得ることのできない人と人との触れ合い、助け合い、自己の成長や発達、全人的なかかわり合いということが人々の注意を向けるようになってきた。

かつて、職場など働く場がもっていたよきものは、地域でないと取得できなくなってきているのではないだろうか。

2　地域デビューにあたって思うこと

地域に出ていくにあたって最も大切なことは、「自分は何をしたいのか」「自分の関心、興味、こだわりは何か」ということを、じっくり考えてみることである。すべての活動は、これが原点となってスタートする。出発にあたっては、二通りの考え方があると思う。

一つは、「これまでの人生で慣れ親んだ、キャリアや知識、技術をもっている事柄の重視」。これをベースとし、改めて自分を延長線で設計してみることである。二つ目は、「これまでやってきたことに一応の決着をつけ、これからの人生はまったく違ったことに挑戦する」という方法である。

現代社会でいえば、前者で歩む人は少なく、多くの人が後者の道を歩むことになる。この選択はまったく本人の決断である。当然のことだが、他人がとやかくいうものではない。ただ、一つ目の方法はとても大事なので、少しだけそのポイントを述べておきたい。というのは、誰でも年齢に関係なく新しいことを開始し、自分のものにするのはむずかしいからである。慣れ親しんだことを発展させるメリットは、忘れないでほしい。そのノウハウとは、活動の舞台が変わることで汎用性を考える必要がある、ということである。

後者についてはとにかく、試行錯誤をすすめたい。自分が関心のあるものを試してみて、数カ月やってみて、どうしても自分には向いていないということがわかったら次の種目に移ればいいと思う。そして、いくつか試している間に、「これなら自分にできる」というものが発見できたら、それに集中していけば道は開けるものである。このとき注意したいのは、初心者にともなう、ある種の苦痛である。

自己啓発的活動と娯楽的な活動の違いは、前者がノウハウの取得にほとんどの種目である種の苦痛をともなうのに対し、後者にはそれがないということである。このことがあるために、後者はいつでも誰でも容易に実行が可能だが、前者はそのバリアのゆえにためらいが生じ開始を妨げる。

大事なことは、「予想されるバリアに負けないで少しの苦痛を克服してほしい」ということ。その先に楽しみや充実が存在することを、希望にしてもらいたいと思う。退職後の第二の歩みに現役時代に取得したノウハウを合体させるのは、すばらしいことであろう。こうした心の準備が整えば、あとは手順の問題である。人生の後半は、思い切って地域にデビューして、すばらしい人生を築いてほしい。

3　グループに加入して仲間になる

自分の地域で行いたい活動種目が決まれば、問題の半分は解決したと考えてよいであろう。その後は、方法論が何の種目でも共通しているから、その道順にしたがって、自分流をつけ加えていけばよいであろう。まず第一段階は、グループに入会して、一つの役割を担うことである。

グループ・サークルを中心とする分野は、分類方法がいろいろあるが、内閣府「高齢者の地域社会への参加に関する意識調査」（二〇〇八年）を参照すると、健康・スポーツ、趣味、地域行事、生活環境改善、教育・文化、高齢者支援の分類である。

高齢者に限定しないで、すべての世代対象のグループ・サークル（同好会）の数は、推計で人口一万人当たり一〇〇団体という数字である。これを当てはめると、人口一〇万人の都市だと一〇〇〇団体が存在することになる。地域デビューしたいので、自分が加入できる団体はあるだろうかと探してみると、各分野にわたって、大変な数の団体が存在することはまちがいない。所在を確かめるためには、自治体の「登録団体バンク」（所管は生涯学習課、市民活動課など）に問い合わせるか名簿を閲覧したり、ネットで検索すると、住所、電話番号、代表者名、人数、会費、活動・練習日などが明確になる。およその情報が得られたら、電話で申し込み、面会を確認したり、会合に出させてもらって、自分に適しているかどうか確かめて、入会の意志が強くなったら申し込んで活動を開始すればよい。

自分の希望したグループ・サークルに加入したら、活動は、地域で何もしていなかったときと比べて、大きく変わるだろう。なんの種目の活動にしても、主体は自分で、自分の時間を使って活動を続けていくわけだが、従来と変わらず自宅で一人で行う時間が長いことに変わりはない。

グループ・サークルのメリットは、同好の士がたまに顔を合わすことにある。前述のように、娯楽的活動と違って自己啓発的活動は、ノウハウの取得、向上のために、一種の苦痛がある。多くの人がこのバリアーのために、活動をすることをためらったり、活動開始後に中断してしまうのである。

この苦痛をやわらげてくれたり、楽しさ教えてくれるのが、仲間の存在なのである。仲間は、困っていることや行きずまっていることを訴えると、自分もかつて、同じ問題や悩みを体験しているので、まことに適切なアドバイスをしてくれる。これが活動を続けさせてくれる原動力になる。もし一人でやっているとしたら、その悩みや問題点に敗けて、活動を中止しまう。

活動を長くさせてくれるのは、まことに仲間の存在なのである。グループ・サークルを継続的に維持していくのは、けっこう忍耐とともにノウハウが必要である。ここで大切なことは、メンバーの役割分担であり、初心者も仲間に甘えてばかりいないで、自分のできることを手伝って、会の存続を助けないといけない。

4　活動を深めるために

活動を深めるために、また、活動を続けていくためには、グループ・サークルは、メンバーで役割分担をしていかないと会はもちこたえられない。会の役割として、何が大事かといえば、活動の場所の確保がある。実技をして腕や技を磨いていく活動は、できれば週一回の練習日の確保が必要になる。教養的な内容の座学や外に出かけて見物や見学をする学習は、月一回程度の活動日を設けているものが多い。いずにしても、場所を確保するためにはメンバーの誰かが施設に出向いて抽選に立ち合い申し込みをしなければならない。こうした渉外的なことが好きな人にとって、それほど嫌いな仕事ではないかもしれない。この役は、希望者を募ることがいいだろう。

二番目に大事な役割は、活動費にかかわることである。かつては会場となる公共施設は、使用料が無料であったが、近年は、ますます有料化してきている。また、勉強会や講座の提供は、以前は、無料で務めてくれる人が多かったが、近年では、講師料を払わないといけなくなってきている。一年間に一回はイベントを企画しても、費用はかかってくる。

会費収入だけでは、とうてい間に合わないので、誰かが外部資金を申請したり、営業して取ってこないと活動はできない。こうした仕事に向いている人はそう多くないが、手をあげてやってくれる会員を探さないと会は維持できない。また、会合の通知、広報紙の発行、会費のチェックなど庶務的な仕事もしてくれる人がいないと会は存続しない。

グループ・サークルのメリットは多いが、一方では存続させていく力もないと組織は長くつづかない。どうしたら、長く継続できて発展するのか、を考えておかなければならない。それは、大別すると、二つの目的が達成されないといけないと思う。

一つは、個人的目的で、前述のように、活動を一人で孤独と共にしている場合は、まず長く続けることはむずかしい。このことがわかった人は、積極的にグループを探して入会させてもらうだろう。もし、探しても、自分の好ましいグループがなかったときは、自分で会を立ち上げなければならない。大変なエネルギーと時間がかかるが、先人で新しくつくった人は、どこの市にもたくさんいる。いずれにしても、個人的目的は、入会したほうがメリットが大きいこと、なかでも自分の楽しみ、自己啓発などが効果があることである。これが少なかったから、人は、グループをすぐにでも退会してしまう。会のリーダーは、このことに腐心し、努力を欠かさない。

もう一つの目的は社会的なもので、団体として地域貢献をどこまで果せたかということである。メンバーは、自己目的、達成と共に、多少の自己犠牲も払ったのだし、そのことが地域に役立ち、貢献しているという満足感を味わたいと思っている。

たとえば、一年間通じて練習したり、作品を作ったことが、多くの人々の目に止まる発表会などを開催したいと思う。リーダー層は、こうした会員の希望をかなえてあげないといけない。

五　シニアの生きがいをめぐる研究会活動

早稲田大学の浜口晴彦名誉教授は、シニア社会学会のなかに「浜口研究会」を組織して、二〇〇三年「望ましいシニア像」、二〇〇五年「シニアからの提言」、二〇〇七年「老若共同参画社会」と研究会の報告書を刊行してきた。二〇〇八年は、「生きがいさがし」研究会がもたれて、三月に報告会が開催された。

また、二〇〇九年は、「自立と共生の社会学」研究会という名称で、一年間行われて、二〇一〇年四月に発表会が開催された。私は、これらの研究会に出席したいと思いつつ、開催日が金曜日ということもあって、ほとんど出席できなかったが、最終の発表会には出席させてもらって、傍聴した。研究会のもち方も、発表のしかたなど参考になる点が多かった。以下では二カ年の研究会の概要についてレポートしてみることにしたい。

1　生きがいさがし研究会のあらまし

二〇〇八年度の研究会は、四月から、浜口座長の著書『生きがい探し』（ミネルヴァ書房、一九九四年刊、二九五頁）をテキストとして、座長の講義、質疑応答、討議というかたちで毎月一回開催されて、二〇〇八年一二月に終了した。テキストが一冊終了したところで、二〇〇九年一月には、メンバー五名による発表と座長による講評がなされて、報告書が作成された。各回のテーマを記すと以下のようになる。

①　四月　序章　大衆長寿時代とは何か
　　　　　一章　エイジングと幸福のジレンマ
②　五月　二章　エイジングショック
　　　　　三章　エイジングの伴走者
③　七月　四章～七章　白い手のジレンマ
④　九月　八章　ものと心のジレンマ　九章　生活大国は忘れない　一〇章　幸福になる
⑤　一〇月　一一章　大衆長寿時代と生活の質　一二章　女性と高齢社会
⑥　一一月　一三章　生きがいを体験する（その一）　第一四章（その二）
⑦　一二月　一五章　生と死のジレンマ　一六章　語らざるは憂いなきにあらず　終章　習慣の束
⑧　一月　五名の会員の発表と座長の講評
⑨　三月　報告書の配布

各回の要旨については、島村健次郎さんが詳しくまとめている報告書（四八～五九頁）のはじめに、研究会の俯瞰を執筆している。まず、アリストテレスを引用して、次の文を引用させてもらった（同書一頁）。

その昔、アリストテレスは「大切なことは、単に生きるということではなく、より良く生きることである」といったと伝えられている。誰でもいえそうな言葉ではあるけれども、千年以上の昔から生きることを人生の質としてとらえていたのだという驚きとともに、生きることの意味を探るにはある種の社会的な条件が必要なのだということを、改めてこの言葉から考えさせられる。
著者は生きがいの問題が多くの人々の関心を呼ぶようになったのは、一九七〇年前後で、「私が存在し生きる理由」（レゾンデートル）と「私の内外へ働きかける主体的な行為」（レゾン・ド・フェール）がダイナミックに緊張関係をもっていることが生きがいの実相と解説している。さらに、もう少しわかりやすい言葉をつぎに引用させてもらった（同書二頁）。

その昔もそうであったし、いつの時代にあっても、自己の内面へ目を向け、エゴの外へ向かうエネルギーを制御するところに「より良く生きる」志向性の要点があるというのが、アリストテレスがいったと伝えられている言葉の真意ではないだろうか。そうだとすれば、生きがいのある人の周りに人の輪ができ、それがまた生きがいを良い方向へ向かわせるように作用して人の輪が持続するようなら、生きがいの泉は枯れることはない。

各回の質疑応答や意見交換があったのかを島村さんの要旨から引用させてもらった（同書四九―五六頁）。

①　講義の都合で質疑の時間とれなかった。
②　老若共同参画社会に関する男女の役割、文化と文明の定義、孤独死について
③　いまの時代をどう読み、どう生きがいを見出していくか
④　豊かさ幸せ感について
⑤　いまの時代をどう読み、認識するか
⑥　生きがいとの考え方、生活満足度について

⑦　講義は終了し、座長から参加者に全体を通しての意見を聞きたいという要望があった

⑧　五名の問題提起と発表

・本田安道さん　「年齢」の二字の追加
　憲法第一四条第一項「すべての国民は、法の下に平等であって、人種、信条、性別、社会的身分、又は門地により、政治的、経済的又は社会的関係において、差別されない」

・永井治さん　「生きがいとイメージ」

・土岐啓子さん　「研究会に参加して」
　講義の要点のまとめと整理

・荻野義雄さん　「老若共同参画社会」の考え方。

・大木壮次さん　「シニアの生きがい」に取り組んで、「新しい働き方研究会」をつくって、シニアの活性化を目的に、コミュニティビジネスの研究も行った。

五人の発表に対して、浜口座長から講評がなされた。メンバーのほとんど人は、地域でリーダーとして活躍している。シニアは、地域活動を単に楽しむだけでなく、社会に貢献したり、とくに次のリーダーの発見が重視された。

2　研究会の報告書

メンバーの人たちは、各地で多方面にわたって活躍しているので、寄稿文は、個性的で読みごたえがある。興味を引いた考え方や実践のいくつかを引用させてもらった。

伊藤参午さんは、「老人は、貧、弱、愚の三拍子揃った厄介者ではなく、昭和一桁生まれ、一〇年代生まれ、団塊と三世代がそれぞれのパワーを発揮する」ことを説いている。大木壮次さんは、二〇〇七年川越市と地元の尚美学園大学との連携による「川越シティカレッジ講座」（全五回）の修了生が集まって、「新しい働き方研究会」をつくった。月一回の定例会で、講師を呼んでコミュニティビジネスなど新しい働き方を勉強しているとの報告である。

駒宮涼子さんは、職場を早期退職して、若い頃果たせなかった大学に進学し、二〇〇六年三月大学院の修士課程を修了して、社会福祉士の資格を取得、大学院では、「地域デビュー」の実態調査を行った。これに成功する人は、本人の意欲、地域の社会資源、周囲のサポートの三条件が必要と述べている。その後、二〇〇七年四月から大里広域市町村圏組合の介護認定調査員として働き、今までに五〇〇件の訪問調査を行ってきた。その経験から、次のようなアドバイスを述べている（同書一四頁）。

加齢にともなう人生後期における不可避的な変化（老化）を受け入れるため相応な予期的社会化が必要である。シニア世代に対する「地域デビュー」は前期高齢者に向けた予期的社会化ともいえる。では後期高齢者に向けた予期的社会化は何であろうか。介護保険は当事者が利用して初めてその効果や不備が見えてくる。利用者が大きな声をあげることで利用者の権利が守られていく。

佐伯信夫さんは、「生きがい」は、生き方の指針と題して、定年後の生きがい喪失しないで、充実した人生の愉しんだ二人を紹介している（同書一六頁）。

〈人生五〇年〉の時代に、葛飾北斎は七三歳で「富嶽百景」を描き、貝原益軒は、八三歳のとき『養生訓』を書き、〈老後は、わかき時より月日の早き事、十ばいなれば、一日を十日とし、十日を百日とし、一月を一年とし、喜楽して、あだに、日をくらすべからず〉と説いています。NPO法人東上まちづくりフォーラムの柴田郁夫理事長は、「ビジネス助っ人隊」活動経験を語っている（同書一八頁）。

助っ人隊は、人材派遣を行うのではなく、業務委託を取って、それを会員に再委託する。企業OBとNPOをはじめとする民間団体とのマッチングに最も力を入れている。

NPOを真面目にやっている人達に一番多いパターンは、志だけで動いているというパターンである。例えば「障害者に働く場を提供したい」という志だけで、その事しか頭にないので、なかなか話が広がらない。煮詰まってしまうこともある。そんな時に企業OBが「岡目八目」的に関われる。内部組織固めに人材教育をしてもいい。行政との交渉に臨んでもいい。補助金申請書の執筆もできる。近くの大学との接点づくりなども面白い。いくらでも支援できることはあり、そのNPOがコミュニティビジネスとして成立するようになれば、そこから報酬を得る道ももちろん開けるのである。

中村英昭さんは、上尾市（人口二二万人）で生涯学習推進員を五年以上つづけて、現在二五人が市内六つの公民館に別れて公民館職員とともに、講座の企画と運営を行っている。中村さんが密にかかわっている講座は、「高齢社会における生涯学習」「地域でのボランティア活動」「新しい自治、新しいまちづくり」「老後のライフプラン」などである。最後に一言という記述は、全国至るところで問題になっていることなので、あえて引用させてもらった（同書三〇頁）。

上尾市における生涯学習ボランティア活動は年々縮小し退潮する傾向にあり、今のままでは生涯学習を推進するという上尾市の地域住民サービスはいずれ無くなってしまうのではないかと危惧するようになった。最近の傾向は次のようなものである。

ほとんどの講座や講演会に関して受講者数が減少している事。年々減少していた生涯学習の予算・経費が今年度は大幅に削減された事。講師に対する謝礼金が更に減額になった事。推進員と公民館職員が協力して行っていた協働を減らす動きがある事等であるが、この様な傾向は上尾市だけのものなのか、他の自治体でも起きている現象なのか、大変興味深い問題ではある。

馬場守さんは、「高齢者よ立ち上がれ」と題して六項目の提言をしている（同書三一〜三二頁）。

一　自分の現在の健康度を常にチェックし把握しておくこと
二　家庭を健全に平和に保つこと
三　家計の健全・安全を確立
四　地域のコミュニティづくりに参加
五　人物の価値判断
六　推理、予測の力をつけること

藤森洵子さんは、中国理解の講座をつくりたいと「魯迅と日本」（全五回）を開催した。参加者二〇名の要望を受けて、魯迅講座は今後作品研究に発展させたいということである。さらに、これを発展させて、適正にペイされる仕事にしていくことはできないだろうかと考えている。社員は企業で雇われるばかりでなく、自分で仕事をつくり出していく大切さを強調する（同書三六頁）。

宮原亮さんは、「私なりの生きがい」と題して、第一ステージは「無意識の生きがい」で銀行に入行し、家族のため、会社のためにただひたすら働いた、第二ステージは、「自覚後の生きがい」で退職後、仕事の経験を生かして、家計の総合相談」を有料とボランティアの両面でつづけている。

第三ステージは、「自己完結への道」で五〇年ぶりの学生生活の四年間を経て、日本の伝統文化、神道を学び六回目の干支を過ぎて、自営の事業も辞めて、新たな自己研鑽で生きていると述べている（同書四一頁）。

安田和紘さんは、企業を定年後、大学教員として講義、卒論指導と働いているが、ある折り中堅ピアニストを紹介され、音楽を少しでも多くの人に聴いてもらいたいと後援会活動のプロモートに尽力している（同書四二頁）。

渡辺啓巳さんは、高齢者の農業支援について、農業従事者一九五万人（うち五八％高齢者）の支援と都市高齢者の農村へのかかわりを提案する（同書四七頁）。

3　自立と共生の社会学研究会

二〇〇九年度研究は、『自立と共生の社会学―それでも生きる理由』（学文社、二〇〇九年二月刊、一四三頁）をテキストにして、四月から二〇一〇年一月まで八回もたれた。その主な内容は、開催要旨として島村健次郎さんがまとめている（同書六一～七七頁）。

第一回　四月　浜口座長のレクチャー「自立と共生の社会学（補足）」

浜口座長は研究会の進め方として、ゼミ形式でテキストは、研究を進めていくための土俵で、テキストの中から自分なりのテーマを見出してもらいたいと話した。研究会の時間配分は、発表四〇分〜六〇分として、質疑応答二〇〜三〇分、執筆者のコメント二〇分、浜口座長の総括二〇〜三〇分が想定された。

第二回　六月　発表　伊藤参午さん　第四章「年齢を越えて」

浜口座長のコメント（同書六四頁）

二〇世紀は人権の時代。二一世紀は、いのちがテーマになるのではないか。ポール・ゴーギャンの引用。タヒチで遺書代わりに描いた大作のテーマは「われわれはどこから来たのか、われわれは何者か、われわれはどこへ行くのか」であった。共生はイマジネーションなしには成り立たない。

第三回　発表　大木壮次さん　第三章「正規雇用—非正規雇用」を越える働き方

主な質疑として、若年層の雇用問題には、いろいろと問題提起がなされた。浜口座長は、日本では、同一労働同一賃金は、日本の文化のなかでは定着しずらいと述べた。

第四回　発表　荻野義雄さん　第一章自立と共生のかたちを構想する、永井治さん　第二章　パーソナルな関係における自立と共生、島村健次郎さん　おとこやもめY氏の自立と共生の三人

浜口座長のコメントで気になったのは、「老いの哲学」をもつ努力が必要。「共生は自立の否定。自立は共生の否定。自立と共生とは、不可分でありながら対立的な関係にあるが、この先が大切」などの言葉がある。

第五回　発表　堀江副成さん　第七章　ホームレスの自立と共生、安田和紘さん　グローバル社会の自立と共生のありよう

質疑応答では、貧困、格差、競争、母子家庭、社会運動、仲間探し、ケータイなどについて意見

交換が行われた。

第六回　発表　浜口座長が「自立と共生における性別―顔の現象学から読み解く」を講義した。

多様な内容が語られたが、顔には、二面性があって、一つは、帰属（もって生まれたもの）、蓄積（意味づけをしたもの）の二つである。「顔は心の窓、顔は心の鏡」などの言葉が印象に残った。

第七回　発表　佐伯信夫さん「貧困化と人間の尊厳」

浜口座長のコメントで気になったのは、「遠近法」という考え方である。貧困化の問題を遠近法で考えると、人口の変化、資源・環境問題、経済成長など物事はあるカーブでできている。また、「いま社会がザラザラしていることは、二人関係でいるからである。物凄く哲学的な時代に来ているといえる。人間の奥行きがいま欠けているのではないか」という言葉をかみしめたい。

第八回　浜口座長講義「自立と共生の社会学を再論する」があった。六つの活動領域（フォーラム）と少子化の要因を現代社会の危機をとらえるカナリアとして一〇項目を述べた。（これは、後に報告書に収録されたので後述）解決策として①知恵、工夫、情報の網羅的編集（『知恵蔵』のような）、②指数として「合計特殊出生率」より「完結出生児数」の重視、③人権感覚の一層の徹底、④「市場経済」にプラスし「もう一つの経済」への加勢、⑤「生きかえ」可能な社会の創成、⑥「守るべき領域」の再構築、⑦自殺予防の波及効果、⑧法令遵守思想の深化、の八項目が提案された（同書七七頁）。

報告書の巻頭に前述した浜口座長の「自立と共生の社会学・再論」が掲載されている。六つの活動領域は、以下のとおりである（同書一〇頁）。

①食べ物を手に入れ、栽培し、次に備える。
②物を作り、加工改善し、製造し、それらの技術を次の代へ伝える。
③子どもをつくり、育て、教育し、次世代へバトンタッチする。
④健康を願い、秩序を維持し、社会の安全を確保する。
⑤場所を移動し、知識・情報を操作し、伝達し、受容する。
⑥住まいを確保し、環境を整え、そこから派生する諸問題を解決する。
少子化は、時代診断のカナリアに見立てている（同書一二―一四頁）。
①政治的不信、子どもをもつことのリスク
②家族、仲間、企業など共生のかたちが崩れ、それに代わる共生のルールをもちにくい状況下にたたされている
③地球は将来どうなるかという不安が広まっている
④子どもの保育、文教、安全、食料、住宅教育などが行政に十分取り込まれていない
⑤働き方の問題。長時間労働、夫婦の勤務時間のすれ違いなど
⑥夫婦が現在の生活水準を維持することが子どもをもつことで脅かされる
⑦教育がらみの問題、教育費用が家計を圧迫
⑧子どもが親の家業を継ぐチャンスが少なくなった
⑨労働現場が長時間労働、過労死、うつ病の発生など子育てに立ち向えない親を増やしている
⑩教育と出世はかつてはセットになっていたが、現在これは通らない

⑪　出産分娩という生命誕生の出発点を支える基本的な仕組みが整っていない

付記として、つぎの言葉が語られているので引用させてもらった（同書一六頁）。

報告書に収録されている論考は、自立と共生の問いかけに濃淡さまざまな応答を試みていて興味は尽きない。新しい問題点を提起もされていて、この主題は一回限りで済まない課題である。今後ともそれぞれの立場で論じられていくと思うが、先に触れたように、この研究会としては、これをもって一区切りを付けたい。

報告書には、巻頭論文につづいて、一三人が寄稿している。何人かの文章を引用させてもらった。荻野義雄さんは、「老若共同参画社会」を考えるというテーマで「二〇世紀が男女共同参画社会の基本法が制定されたが、二一世紀には、大衆長寿に伴う世代間の不連続を埋める老若連帯の基本法の制定が必要」と説く（同書二〇頁）。

島村健次郎さんは、「おとこやもめY氏の自立と共生」と題して、ひとりぼっちにならない心構えの方法を述べている（同書二四頁）。

ひとりぼっちにならないための、若いころからの心構え

①　連れ合いとの楽しい思い出を沢山作っておくこと。後悔先に立たずである。

②　家族（子供たち）とは、仲良くしておくこと。家族への愛が生きて行く原点である。

③　友達、特にこころを打ち明けられる親友を作っておくこと。友達は生涯の財産である。

④　長く、そして夢中になれる趣味を持つこと。楽しく充実した人生の糧である。

⑤　家事、特に料理は出来るようにしておくこと。食べることが、自立の第一歩である。

大木壮次さんは、「正規、非正規を超える働き方」と題して、五つのモデルを提案する（同書二六～二七頁）。

①　同一価値労働同一賃銀
②　オランダモデル（正規雇用労働者のパートタイム化、ワークライフバランス、政労使三者で合意）
③　労働者協同組合　組合員が労働と共に出資と経営にも携わる。
④　NPO方式　東上線まちづくりフォーラムの「ビジネス助っ人隊」（会員の特意分野ごとの助っ人隊が組織されている
⑤　有限責任事業組合（出資者全員が業務執行に参加。各人が専門のスキルを所有、所得は組合でなく、組合員に加税）

佐伯信夫さんは、「貧困化と人間の尊厳」と題した長文の論文を執筆している（同書四〇～五〇頁）。現在の日本は、六人に一人が貧困。貧困の定義として、一人暮らしで年収一五〇万円、二人暮らし二一二万円、三人暮らし二五九万円以下としている。貧困の実態について詳しい分析がなされていて、「貧困は自己責任か」を問うている。佐伯さんの結論は、自己責任の前に社会的責任を問題にしている。

安田和紘さんも「グローバル社会の自立と共生のありよう」と題した論文を書いている（同書五二～五七頁）。現代は、アメリカ型グローバル・スタンダード（市場原理主義、英語至上主義、分業主義、自己責任主義）が支配的であるが、C・ダグラス・ラミス『世界がもし一〇〇人の村だったら』（マガジンハウス、二〇〇一年）を引用して、自立と共生を考えるヒントを出している（信頼とコミットメント、会話と対話、調整と妥協、誠実と献身、など)。

数年にわたって、この研究会をみていて、シニアの研究会のもち方について、参考になったことが多い。一つは、五年という長きにわたっていて、毎月、順番にメンバーレポーターを務めている。準備のために、メンバーは向上したことと思う。二つは、よい仲間づくりになっている。メンバーは、東京在住も含めて、首都圏各地からやってきている。各地に帰れば、皆がリーダーである。三つは、毎年確実に成果物として研究発表とともに論文を書いている。これは、大変な蓄積となる。自分もいくつか研究会を主宰していて、かくありたいと思うのである。

第三章　各地のシルバー大学の内容

一　一七年の歴史を刻む町田市民大学ＨＡＴＳ

東京都町田市は、福祉に力を入れる都市として、歴代市長が市政を運営してきた。加えて、市民の強い要望によって、行政と市民が協働して地域づくりの担い手を養成する市民大学ＨＡＴＳをスタートさせて一七年が経過する。

私は、かつて社会教育委員を務めていたので、ＨＡＴＳについては、常に動向を観察してきた。二〇〇九年四月、運営協議会（三和献一委員長）の委員に就任したこともあって、これまで以上にＨＡＴＳの運営の改善に関与することが増えた。年六回ほど協議会に参画して、データの蓄積、プログラム委員との懇談会、事務局担当者とのディスカッションをとおしてＨＡＴＳに関する現状をリサーチすることができた。以下で経過、講座の内容、今後の方向性について述べてみたい。

1　開設の理念とその後の経過

ＨＡＴＳは一九九〇年一二月に、町田市市民大学構想検討委員会の答申に基づき、一九九三年六月に表3－1にみられるように、四講座でスタートした。開校の基本理念は、以下の五点である。

① 生きる力を身につけるための学習を基本とする
② 自由な相互学習を基本とする
③ 学際から多くの発想が生まれる学習を基本とする
④ 頂きは高く裾野の広い学習活動を目指す
⑤ 町田市独自の市民文化を創造してゆく市民のまちづくりの拠点・シンボルとする

市民大学は、「将来都市像の実現に欠くことのできないマンパワーづくりの中核を担う事業」と位置づけて、基本コンセプトとして、「あなたを励ます」「地域を育てる」の二項目を掲げた。前者は、「市民が各々の生活課題に意欲的に取り組み、それらを解決していくための学習」と位置づけ、後者は、「市民が地域課題に主体的に取り組み、力をあわせてよりよい地域社会を形成していくための学習や市民文化を創造、発信していくための学習」と規定している。

ＨＡＴＳの学習領域Ｈ（Humanity）、Ａ（Art & Literature）、Ｔ（Technology & Science）、Ｓ（Sports & Health）の頭文字で愛称にしている。もう一つのまちだ市民学の領域は、まちだ学と市民学の二本柱である。講座の基本的考え方は、以下の三項目である。

① 「あなたを励まし、地域を育てる」を基本理念として、市民の主体的な学習の機会を提供する。

表3-1　まちだ HATS の年譜

1989（平成元）	市民大学構想検討委員会（10名）発足
1990（平成２）	まちだ市民大学 HATS 構想発表
1993（平成５）	HATS 正式開講（４講座） 多摩丘陵学，心と体の元気学，市民史学，高齢者福祉 事務局（森野分庁舎）
1994（平成６）	事務局，第４小学校内に移転 環境講座，陶芸初級開設（６講座）
1995（平成７）	市民の国際化，家族論開設（８講座）特別講座（６テーマ）
1997（平成９）	運営協議会「HATS 推進計画」（１回のみ）スタート
1999（平成９）	第１回 HATS のつどい（イベント成果の発表会）
2000（平成12）	講座の大幅改訂（10講座） 考古学→郷土史　みんなのまちづくり学 家族論→人間学（人間関係，人間科学） 陶芸→中級，電動ロクロ
2001（平成13）	市民大学10年移転記念事業講演とシンポジウム 江森陽弘事務局移転（町田第４小学校から森野庁舎へ）
2002（平成14）	HATS 運営協議会からの提言 ①性格と役割　②移転先　③大学との連携 修了生の会成果発表展（街かどギャラリー）12団体
2009（平成21）	第９期運営協議会委員任命

②　まちだ市民大学ＨＡＴＳの講座に多くの市民が関心を持つよう講座内容及び講座の実施方法を工夫する。

③　まちだ市民大学ＨＡＴＳの今後のあり方について検討することを念頭に置いて講座を展開する。

こうした考え方に基づいて、一九九三年の四講座からスタートし、一九九四年に「環境」「陶芸初級」が加わり、一九九五年に「国際」「家族論」が加わり八講座になった。二〇〇〇年に講座の改新を行い一〇講座になり、その後、講座名が少し変わったり、一つの講座がパート1、パート2と分かれたりして数は増えて現在に至っている。

講座の実施時期は、以下のようになっている。

前期講座　四月中旬〜七月下旬
後期 〃　九月初旬〜一二月中旬
通年講座　四月中旬〜一二月中旬
特別講座　未定

講座の実施方法は、プログラム会議が前期・通年は二月、後期は三月までに作成する。この会議はプログラム委員によって構成されている。各講座は大学教授、専門家をはじめ修了生代表の五〜一〇名の人数である。

各講座のプログラムは、できあがると、主として、HATS事務局の職員が出講について講師に打診して、日程調整を行い、了解を取って固めていく。

講座の募集案内が三月に作成され、市広報紙にも、案内が掲載されて募集が開始される。募集は、往復ハガキで申込み、締切日は、毎年前期講座、四月上旬、後期講座は、八月中旬になっている。

2　講座数と受講者の推移

講座数の推移については、これまでに数字を示してきたが、受講者数について推移をみると、表3−2のようになる。

表3-2　まちだ市民大学HATS普通講座応募者・受講者等調

（単位：人・講座）

区　　分	定員	応募者(A)	受講者	延受講者	講座数	修了生
1993（平成5）年度	325	753	411	?	4	
1994（平成6）年度	420	1,138	450	4,211	6	261
1995（平成7）年度	550	1,022	587	5,481	8	387
1996（平成8）年度	585	1,435	645	5,971	8	442
1997（平成9）年度	550	1,250	702	5,799	8	448
1998（平成10）年度	640	1,101	707	6,423	8	471
1999（平成11）年度	675	1,207	771	6,272	12	647
2000（平成12）年度	815	1,728	851	7,061	17	697
2001（平成13）年度	670	1,029	670	5,664	14	553
2002（平成14）年度	660	983	678	6,033	14	580
2003（平成15）年度	672	1,087	657	5,621	14	586
2004（平成16）年度	672	1,302	659	6,113	14	569
2005（平成17）年度	712	1,255	672	6,119	15	589
2006（平成18）年度	732	1,319	762	6,746	15	648
2007（平成19）年度	742	1,055	727	6,344	15	617
2008（平成20）年度	747	992	735	6,629	15	650
2009（平成21）年度	523	709	510	3,527	13	356
合　　計	10,690	19,365	11,194	94,014	200	8,501

一九九三年の四一一名からスタートして、年を追うごとに、五〇〇人台、六〇〇人台に増えて、一九九八年以降、現在の七〇〇人台に乗った。二〇〇八年度で詳しい講座の参加状況について見てみることにする。

実施時期については、通年が「多摩丘陵」「福祉」の二つで、前期七、後期六の合計一五講座である。応募状況でみると、定員に達しない講座が、「福祉」「環境参加体験」「市民環境」の三つ出ている。一方、応募の多いのは、「多摩丘陵」「国際学」「陶芸」である。

定員に対して応募者がほどほどの状況というのは、「心と体の元気学」前期七〇名に対して、七四名、後期七〇名に対して、八一名とやや応募者が多くなっている。「町田の郷土史Ⅰ」（前期）は、それぞれ六〇名に対して六四名、「同Ⅱ」（後期）は、六〇名に対して、七三名と多くなっている。同じことは、「人間関係学」についてもいえる。前期は定員六〇名で応募者は六四名、後期「人間科学」は定員六〇名で応募者九〇名とかなり多い。

以上のようにみてくると、定員の確保ということは、主催者にとって、最も重視しなければならない事柄であるが、結果としてほどよい数字をとるということがむずかしい。つまり、応募者が多過ぎたり、逆に集ないか悪くて困ったということなどが多いのである。二〇〇二年から二〇〇八年の全体の応募状況の倍率は以下の数値である（前期、後期）。

二〇〇二年（一・五三　一・五五）
二〇〇三（一・五三　一・五二）
二〇〇四（二・〇二　一・八三）
二〇〇五（二・〇五　一・三七）
二〇〇六（二・〇五　一・四八）
二〇〇七（一・四七　一・三九）
二〇〇八（一・二〇　一・四九）

概していえば、全体として、それほど大きな変化はみられないといってよいだろう。最高値は二・

〇五が三期あり、最低一・二〇が一つだけある。厳密にいえば、その差は小さくないといえるかもしれない。最低の一・二〇の倍率だと全体の応募者が一〇〇〇人を切ることになる。しかし、応募者の把握で、厳密に検証しても、主催者と学習者の双方にとってほどよい数字というわけにいかないことが多いのである。

次に、応募者のプロフィールについてみていくこととしたい。まず、世代については、二〇代以下（一・二％）、三〇代（一・六％）、四〇代（二・一％）、五〇代（一二・五％）、六〇代（四八・三％）、七〇代（二八・四％）、八〇代（二・七％）となっている。六〇代と七〇代で全体の七六・七％を占めている。応募者の約八割は、高齢者ということである。

データとして、職業別の割合も取っているので引用すると、年齢との関係で無職（六三・四％）が圧倒的に多く、「勤め人」（一一・〇％）、パート（五・四％）、自営業（二・二％）とつづいている。町別では、玉川学園（六〇名）、金井町（五八名）、本町田（五五名）、山崎町（五一名）、小川（四七名）、成瀬台（四三名）となっている。運営上、おおよその数字をつかんでトレンドとして把握しておくことが大事で、経年的に、毎年一定の割合で応募率が低下し、長年的に応募者が減ってきているということがわかれば、それは大変なことである。なんらかの対策を立てなければならない。上述の数字についていえば、長期低落でもないし、逆に、応募者が急激に増えているということでもない。要するに、応募者の傾向は、小さな波があって推移しているのであろうと判断される。

3　講座の内容

講座の内容を知るには、シラバスを引用するのが最もわかりやすい。しかし、それは大変なスペースを取ってしまう。そこで、以下では概略を文章化して引用することにしたい。

(1)　多摩丘陵の自然入門（全一三回、受講料三〇〇〇円）

この講座は、自然に親しみ、自然保護の実情を市民の自然保護団体の協力を得てオリエンテーション（初回）と開校式を除いて、全講座（一一回）とも日曜日にフィールドに出て体験学習をしている。フィールドとして、かたかごの森（かたくり）、成瀬屋根、野津田公園、忠生公園、境川流域、小野路鶴見川源流、かしの木山緑地、小山田緑地、などを一日かけて歩いている。講師・指導者は、各回とも団体を代表する人が担当している。

(2)　まちだの福祉（共通六回、実習八回、受講料二〇〇〇円）

障がい者や高齢者とともに生きる地域づくりを考えるために、全員の合同学習と市内福祉施設で体験学習（実習）を行う。合同学習は、在宅生活の支え、障がい者の理解、地域福祉と住民参加などの実習で、花の郷（知的障がい者通所更生・授産施設）、清風園（特別養護老人ホーム）、大賀藕絲館（障がい者の働く施設）、悠々園（特別養護老人ホーム）の四カ所で実施する。最終日は、合同で体験発表を行った。

(3)　町田の環境・参加体験講座（全一一回、受講料三〇〇〇円）

地域で水、みどり、ごみの問題などに取り組んでいるボランティア団体の活動を体験する講座である。初回のオリエンテーションと最終回の活動発表会以外は、フィールドで団体の指導者について体験学習を行った。

会場、実施場所は、恩田川高瀬橋付近、鶴見川源流、柚ケ谷緑地、真光寺川関戸親水付近、町田駅周辺、リサイクルセンター、成瀬クリーンセンター、金森峯山緑地、などである。

(4)　まちだ市民環境講座（全一一回、受講料三〇〇〇円）

身のまわりの環境問題から地域レベルの危機まで市民としてどうするかを学ぶことを目的にしている。この講座は座学で会場はすべて森野庁舎で行っている。各回の内容は、地域環境問題、食糧問題、地球温暖化、気候変動、環境教育、サスティナブルシティ等々である。講師は、大多数が大学の教員である。

(5)　まちだ市民国際学（全一一回、受講料三〇〇〇円）

前期のサブタイトルは、「G8サミットを機会に考える」で、現代国際政治の課題を追求している。内容をみると、バイオ燃料、気候変動とエネルギー問題、ケアーのグローバル化、水と食料、アフリカの課題、テロ、台頭する中国、などである。講師は大学教授（五人）、団体（四人）、メディア（二人）などである。

(6)　まちだ市民国際学（全一二回、受講料三〇〇〇円）

後期のサブタイトルは、「中国の今を知る」で、内容として、オリンピック後の中国、現代中国、政治、外交・軍事、中国市場、中国経済、エネルギー事情、アフリカに進出する中国、女性の社会進出と家族、農村問題、京劇、これからの中日関係などである。講師は、大学教授（四名）、ジャーナリスト（四名）、企業人（二名）などとなっている。

(7)　町田の郷土史Ⅰ（全一二回、受講料三〇〇〇円）

サブタイトルは、「縄文から幕末まで」となっていて、内容としては、縄文のくらし、弥生のくらし、古代の町田、鎌倉・室町の町田、戦国の町田、江戸の農民、女性、村のくらし、の各テーマが組まれた。講師は、ほとんどの人が郷土史家、市文化財の職員が務めている。

(8)　町田の郷土史Ⅱ（全一二回、受講料三〇〇〇円）

後期のテーマは、「明治から現代まで」でプログラムとしては、明治の町田、自由民権運動、女性と若者、大正の町田、街道と鉄路、絹の道、民俗の変貌、町田の文学、などが多くの郷土史家によって講義されている。前期講座に引き続き、「郷土史講座」修了生の会である「まちだ史談会」の会員が会場設営、現地見学会の引率を手伝っている。

(9)　電動ロクロ入門（全九回、受講料一五〇〇〇円）

この講座は、初心者を対象として、電動ロクロを使って、小鉢の制作を行っている。

(10)　陶芸入門（全九回、受講料一五〇〇〇円）

この講座は、ひも作り、タタラ作りの技法を学び、皿、茶碗、壷を制作した。

(11)　陶芸入門（全九回、受講料一五〇〇〇円）

本講座は、縄文土器を制作し、野焼きの体験もする。

(12)　人間関係学（全一二回、受講料三〇〇〇円）

「人間関係の多様性と向き合う」をサブテーマとして、子どもの心、夜間中学の現場、募集のコミュニケーション不安、不安定化する労働事情、結婚事情、地域で子育て、などを大学教授、作家、弁護士などが講師を務めた。

⒀　人間科学（全一二回、受講料三〇〇〇円）

この講座は、「現代の生老病死と向き合う」をテーマとして、生命技術、不妊治療、薬害肝炎、メランコリー、老いと死、終末期医療、人間の尊厳、などの講義の後に、最終日話し合いがもたれた。

⒁　心と体の元気学（全九回、受講料三〇〇〇円）

身体を動かすきっかけづくりを目的として、総合体育館を会場に、レクスポーツ、太極拳、ウォーキング、ストレッチ、リズム運動、スロートレーニング、阿波舞りなどが指導された。

⒂　心と体の元気学（全一〇回、受講料三〇〇〇円）

後期も前期と同じ種目が指導されたが、新たにカーリングが二回入った。講師は、前期と大体同じ人が多かった。

4　今後の方向

主催者の講座実施方法の留意点について、方針が出ているので引用しておきたい。

①　講座の形式は、それぞれの講座の特色を生かし、講義と体験・実習の両方をバランスよく取り入れます。

②　受講生同士の交流・話し合いを講座に取り入れます。

③　公開講座については、市民のニーズや市民大学ＨＡＴＳのＰＲの観点から可能な講座について効果的に実施します。

④　講座のなかで、市民大学修了生の活動の紹介や新たなサークルづくりの支援を行います。
⑤　近隣の大学の協力を得て、講師派遣を依頼するなど、大学との連携を積極的に行います。
⑥　講座の曜日・時間帯については、市民のニーズ、講座の特色、事務局体制を総合的に勘案して決定します。

各講座のプログラムは、前述のように、プログラム委員が実施時に課題や問題点が出た場合は事務局、講師と調整する。また学習者のアンケートも参照して次年度のプログラムを作成する。会議は大体年間三〜五回位もたれている。

受講者のアンケートは、各講座ごとに同一の用紙で回収されているが、広報手段については、「市広報」二〇〇名、「講座案内」一五四名、「ホームページ」六名となっている。

回答者全員の結果では、募集期間、授業期間とも、「ちょうど良い」が圧倒的に多く、長いとか短いという回答はきわめて少ない。理解度、満足度ともに、満足という答えが高く、不満という答えは少ない。この種の調査では、どこでやっても、大体において、肯定的で高く評価されるのが常である。

主催者としては、これらの回答をチェックして、単純に喜んでいるのはまちがいで、アンケートの裏にかくされた真の回答を読みとる努力をしないといけない。本アンケートについてみると、自由記入、感想の所も「楽しかった」「よかった」「今後とも続けたい」など肯定的な内容のものが、きわめて多い。

このアンケート結果と受講者に対する修了生の割合をみると、この五年間だけを集計してみたところ、修了生の割合は、二〇〇四年（八四％）、二〇〇五年（八六％）、二〇〇六年（八七％）、二〇〇七年（八七％）、二〇〇八年（八八％）となっている。この数字こそ、もう少し高めたいものである。学習成果を測るにあたって、以上の修了率という数字は、定量的に明らかに出てくる。しかし、数字や量で測ることのできない定性的比標として、学習成果の発表会と修了生たちのOB会に注目したい。

発表会については、「HATSのつどい」が一九九九年二月に第一回が開催されて、二〇〇〇年に二回、その後、休みの年があったりして、二〇〇七年（第五回）、二〇〇八年八月に中央公民館を会場にして、第六回が開催された。発表の部では、エコネット町田が、滝ノ沢涌水についての発表、「川のことなら何んでも相談室」が開催された。清風園「おおぞら」「そよかぜ」グループの高齢者模擬体験コーナー、などが開催された。

展示の部は、三三のグループが日頃の活動成果をパネル展示、資料配布、解説、説明、話し合いの場づくりなどを行った。これは、高く評価されることだと思う。発表、展示とも実施したグループは、当然のことだが、日頃の学習や活動を活発に行っている。分野別に、数を把握してみることにしたい。

自然環境（四）、環境（五）、福祉（一四）、元気（二）、国際（九）、郷土史（二）、陶芸（三）、人間（七）

グループで数の多いのは、福祉と国際である。国際は、応募者数の多いことでトップに位置している。しかし福祉は応募状況はよくないが、世の中の必要性と関心の高さによって、グループがたくさん生まれていると判断できそうである。

行っている活動内容は、分野によって異っているが、学習会が最も多く、そのほかでは、発表会、外歩き、読書会、イベントの開催、講演会などとなっている。二〇〇九年後期に、『市教育プラン』

で提案された「生涯学習コーディネーター養成講座」（全五回）か特別講座が二月にスタートした。近隣市と比べて、やや遅れての出発である。市民と行政の協働事業の担い手づくりが求められている。

二　おだわらシニア大学の内容と課題

小田原市の社会教育委員になってから、当地を訪ねる回数が増えている。そのため当地の生涯学習や社会参加の状況を詳しく知ることができるようになってきた。一つ気がついたことは、高齢者の活躍が目立っていることである。その人たちの多くがシニア大学の修了者であることがわかった。

そこで、シニア大学についての資料や情報を集めて、機会をみてまとめてみたいと思っていた。二〇一〇年五月に、始業式があって、社会講演「地域社会における高齢者の役割」をさせてもらった。当日は、生涯学習センターの高橋幸男課長、担当の杉崎恵理子さんを取材して、シニア大学の歴史的経過、カリキュラムの内容、同窓会の動向、課題と今後の方向性についてまとめてみた。

1　本学の歴史的経過

本学は、五八歳以上の人を対象に一九九五年に開設された。その目的は、以下のようである。

急速に進む高齢化社会の中で、高齢者自身が自ら健康や生き方に目を向け、社会変容に応じて能力を再開発することにより、社会活動等への参加を通して、新たな生きがいの発見や仲間づくりを促進することを目的とする。

開設当初は、一般教養学科のみのスタートであったが、一九九六年には、学芸指導学科（絵本コース、手品コース）、歴史観光学科の三コースが増設された。その後、一九九七年に、小田原学（ふるさと学科、まちづくり学科、教養学科）、一九九八年にふるさと発見コース、二〇〇六年からふるさと文化コース、レクリエーションコース、地域デビューコース、スクールサポートコース、などが開設されている。

学習者のアンケートなどニーズに対応してコースやプログラムを変更しているものと考えられるが、変化の軌跡を分析してみよう。大別すると三分類することができる。

開設当初、教養、学芸という名称からスタートしたが、小田原とは何かを探る小田原学、ふるさと発見、ふるさと文化などに移り、三つ目に地域デビュー、スクールサポート、など社会貢献に移行している。

第一分類は、開設にあたってつくられたが、三年という短期間で修了している。例外として、「歴史観光学科」は、現在に至るまで継続している。二つ目の小田原学は、コース名に小田原という固有名詞は使わないが、「ふるさと発見」「ふるさと文化」などのコースで生き残っている。

おだわらシルバー大学卒業生数（二〇一〇年五月現在）

一　一般教養学科　四七（平成七、八年）
二　学芸指導学科・絵本コース　三四（平成八、一二、一六年）
三　学芸指導学科・手品コース　六七（平成八、九、一三、一四、一六年）
四　歴史観光学科（平成一六年からコース）　五三五（毎年）

五　小田原学まちづくり学科　一二　（平成九年）
六　小田原学ふるさと探求学科　二四　（平成一〇年）
七　小田原学教養学科　四六　（平成一一、一二、一三年）
八　ふるさと発見コース　一二八　（平成一三、一四、一五、一六、一七年）
九　児童文化コース　一五　（平成一五年）
一〇　ふるさと文化コース　一一八　（平成一八、一九、二〇、二一年）
一一　いきいきレクリエーションコース　三九　（平成一八、二〇年）
一二　わくわく地域デビューコース　六一　（平成一九、二〇、二一年）
一三　ふれあいスクールサポートコース　三〇　（平成二〇、二一年）
一四　おだわら歴史コース　三三　（平成二二年）
一五　おだわら文芸コース　三〇　（平成二二年）
一六　おだわら楽コース　二一　（平成二二年）

三番目の社会貢献的なコースは「地域デビュー」は、三年で修了しているので、これからどうなっていくのか読めない。二〇一〇年からスタートした「おだわら文芸」「おだわら歴史」「おだわら楽」の三コースは、これからどうなっていくのか予測できない。これは、今後の課題のところで考察してみたいと思う。

次に、受講者の募集状況中卒業生の推移についてデータにあたってみることにしたい。全体的（一二四〇名）にみて、かなり目立つ傾向として、「歴史観光学科」の優位性がある。一九九五年の開設以来の卒業生の総数は、五三五名でほぼ半数を占めている。

卒業生が一〇〇名以上のコースとして、「ふるさと発見コース」（一二八名）、「ふるさと文化コース」（一一八名）の二つがある。つづいて、六〇人台が「手品」（六七名）、「地域デビュー」（六一名）の二コースあり、これら四コース以外は五〇名以下となっている。

2　各コースのカリキュラム

本学は、現状では、「歴史観光コース」（三年制）、「ふるさと文化コース」（二年制）、「スクールサポートコース」（二年制）、「おだわら歴史コース」（二年制）、「おだわら文芸コース」「おだわら楽コース」（一年制）の六コースが開催されている。カリキュラムは、一般教養と専門科目に分かれている。一般教養は、（社会変化、民主的人間形成、健康、生きがい、指導技術、小田原市の理解）学習課題が六分野にわたって学習内容は一九項目単位数で二九（時間数五八時間）、学習方法は、講義が主体で、実技が一回だけ入っている。二年制のコースの場合は、二五単位、三年制のコースの場合は三一単位の履習となる。各コースとも年間四〇回の回数が開催される。

一般の大学の場合は、一般教養科目が終了した後に、専門科目の学習がなされることが多いが、本学の場合は、いずれのコースでも一般教養と専門科目が入り交って編成されている。一般教養科目は、おおむね各コースの合同講義というかたちで開催される。以下で二〇一〇年度に開催されているコースの専門科目の概略をみていきたい。

まず、「歴史観光コース」は、学習課題が一二項目に分かれている。さらに学習内容は、四〇項目

表3-3　歴史観光コース　専門科目カリキュラム

学習課題	内　容	単位数			合計
		1年	2年	3年	
1　小田原の自然	植　物	1	−	−	1
	自然環境	−	−	1	1
2　小田原の芸術	彫　刻	1	−	−	1
	絵　画	1	−	−	1
3　城　郭	小田原城・総構	−	1	−	1
	石垣山一夜城	1	−	−	1
	小田原北条氏の支城	−	−	2	2
4　小田原の観光・産業	観光とまちづくり	1	−	−	1
	小田原と観光	1	1	1	3
	地域産業　総論	1	−	−	1
	地域産業　蒲鉾	1	−	−	1
	地域産業　梅	−	−	1	1
	水産業	−	1	−	1
	農林業	−	1	−	1
	商工業	−	1	−	1
	伝統工芸　総論	1	−	−	1
	伝統工芸　寄木	1	−	−	1
5　小田原の民俗	年中行事	1	−	−	1
	民俗文化財	1	−	−	1
6　小田原の文学	中・近世	−	1	−	1
	近現代	−	1	−	1
7　小田原の考古	旧石器・縄文・弥生・古墳時代	−	1	−	1
8　小田原の近現代	明治・大正・昭和	−	−	2	2
9　小田原の伝記	曽我兄弟	1	−	−	1
	土肥氏・小早川氏	−	1	−	1
	大森氏	−	1	−	1
	北条早雲	−	1	−	1
	北条氏綱・氏康	−	1	−	1
	北条氏政・氏直	−	1	−	1
	北条幻庵	−	1	−	1
	大久保忠世	−	−	1	1
	大久保忠隣	−	−	1	1
	大久保忠真	−	−	1	1
	稲葉正勝・正則	−	−	1	1
	二宮尊徳	1	−	−	1
	川口広蔵	−	−	1	1
	福住正兄	−	−	1	1
10　自主研究	自主研究	5	5	2	12
11　実習	ガイド実習	7	12	18	37
12　卒業準備	卒業後の活動について	−	−	1	1
合　計		26	31	34	91

と細分化されている。開催の曜日は、木曜日が二五回、火曜九回、月、水、金は各一回で学習方法は、講義二四回、実習一五回、実技一回、講師陣の属性は、大学一〇人、団体一七人、専門機関一一人、その他二人となっている。カリキュラムの特徴として、小田原の歴史に関することなら、産業、民俗、文学、自然、芸術などなんでも学習項目にしている。なかでも、小田原の伝記の扱いが多く、二宮尊徳、北条早雲をはじめとして、一五名の人物について学習する。

次に、「ふるさと文化コース」は、産業、民俗（年中行事、通過儀礼、昔話、方言など）、地名、文学（中世から現代まで）を主として講義で学び、実習（文学散歩、施設見学、文化祭）、卒業準備などで構成されている。

これらのカリキュラムは、ふるさとに関するあらゆることを学習しなければならないという意図は強く感じられるが、その弊害として、総花的で広く浅く学ぶということになっているように思う。したがって、受講者が広い学習分野から、どこに重点をおいて学ぶか、を決めてかからないといけないのだろうと思った。

三つ目の「スクールサポートコース」の目的は、しっかりしている。要するに、この仕事の役割を明確に知って、活動に役立つ知識と技術を取得することが重視されている。前者の学習内容として、学校と地域とのかかわり、学校を知る、体験学習などがあり、後者として、子どもの理解、けがと安全、地域の教育資源、コミュニケーションの実践、学校をとり巻く環境などがみられる。

こうした内容を学習して、自主研究、体験学習（見学、環境整備など）、卒業準備（体験発表、文化祭など）が入ってくる。

四つ目は「文芸コース」で、小田原出身の文学者たち（北村透谷、尾崎一雄など）、ゆかりの文学者（北原白秋など）の講義を聞いて、文学作品を読む（中世から現代まで）などの講義とテーマ研究、実習（文学散策、施設見学、学習成果の発表）が課せられる。

五つ目は、「おだわら楽コース」というタイトルで、全体の内容は、産業、郷土の文化、小田原を楽しむ（伝承遊び、民話、歌、言葉、など）の講義とテーマ別活動・実習となっている。「小田原を楽しむ」という学習内容の特徴をタイトルに使ったものと考えられる。

「ふるさと文化コース」「歴史観光コース」「おだわら歴史コース」と重複した学習内容があったり、タイトルにも、やや問題があるような気がする。

最後に「おだわら歴史コース」は、従来の「歴史観光コース」とどこが違うのかと思った。しかし、両者のカリキュラムをじっくりと検討してみると、ガイド育成ということを前面に出したことがわかった。後発の場合、原始・古代、中世、近世、近代、現代と歴史を追って専門家による講義がなされることが両者は同じである。

だが、ガイドのための実習という項目は、従来からの「観光歴史コース」には入っていないのである。

それゆえにガイド養成が、このコースでは強く意識させて企画されているわけである。具体的には、市を代表する「早川コース」「板橋コース」「城郭コース」などについて詳しく学習する。

3　各コースの同窓会の動向

本学を修了した人たちは多くの場合、同窓会をつくっている。一九九五年以降の同会の設立傾向を後づけてみた。大別すると、四つの傾向がみられる。一つは、一九九五～二〇〇一年まで一般教養学科（ふきのとう　二〇〇五年解散、むつみ会）、まちづくり学科（小田原のまちづくりを考える会、二〇〇三年解散）ふるさと探究学科（ふるさとを学び伝える会　二〇〇五年解散）小田原教養学科（さざなみ会、みほの会）の同窓会である。

○おだわらシルバー大学卒業生団体活動状況（二〇〇九年度実績）

むつみ会（九名、一般教養学科、平成八年）、粋生会（二五名、いきいきレクリエーションコース、平成一八年）、いきいき木曜会（七名、いきいきレクリエーションコース、平成二〇年）、ここのえ会（一九名、ふるさと発見コース、平成一五年）、土の会（二七名、ふるさと発見コース、平成一七年）、ふるさとあやの会（二〇名、ふるさと文化コース、平成一八年）、ふるさと一八会（二五名、ふるさと文化コース、平成一九年）、にれの会（二四名、ふるさと文化コース、平成二〇年）、デビューポイント（一五名、わくわく地域デビューコース、平成一九年）、朋友会（一九名、歴史観光学科、平成九年）、輪の会（一六名、歴史観光学科、平成一〇年）、五友会（二四名、歴史観光学科、平成一二年）、五福の会（二一名、歴史観光学科、平成一三年）、七健会（二六名、歴史観光学科、平成一四年）、八起会（二六名、歴史観光学科、平成一五年）、九期会（二七名、歴史観光コース、平成一六年）、いちご会（二七名、歴史観光コース、平成一七年）、一九悠会（六一名、歴史観光コース、平成一八年）、十二期会（二二名、歴史観光コース、平成一九年）、橘会（二六名、歴史観光

コース、平成二〇年）

　これは、前述のように、七つ生まれて、四つは解散している。二つ目は、学芸指導学科の手品、絵本、レクリエーションコースの同窓会で、これは、一九九六年という早期に生まれたものもあるし、二〇〇一年以降二〇〇八年まで、ほとんど毎年新しい会が六つ生まれている。しかも、この分野では、解散が一つもない。絵本は二団体だけである。

　三つ目の特徴は、地域デビューコースで、これは、修了生を出したのが、二〇〇七〜二〇〇九年の三年であったので三グループだけが生まれている。四つ目は、歴史観光学科で、本学の最有力講座である。同窓会は、一九九六年から、毎年期ごとに一四団体が生まれている。このなかで解散したのは、一九九六年と一九九九年の二期である。

　こうして生まれた同窓会であるが、どのような活動をしているのかを主催者が刊行している『シルバー大学ＯＢ会活動報告書』を参考に分析してみた。大別すると、五つの活動を行っている。一つは、施設の慰問、訪問で学校、老人ホーム、病院・公民館に出かけている。二つは、出前公演で、回数としては毎月数回という団体もあるが、一年に数回という団体もある。三つは、定例会で、練習に力を入れている団体もあるし、施設見学、散策など外へ出かける団体もある。四つは、研究発表、成果発表で多くは、舞台とか集会室で開催されるか、なかには、書籍や印刷物で発刊するところもある。五つは、対外活動で市内の他団体との交流、まれに市外の団体を訪問したり、されたりすることもある。六つは、親睦、懇親で、新年会とか忘年会、花見会、ハイキング、旅行などもみられる。

　以上のように、同窓会は活動の回数、参加人数などは、各々違っているが、それぞれ特徴を活かして、活動を行っている。簡単に優劣をつけることはむずかしい。以下では、活動回数の最も多い同窓会とユニークな活動をしているものを抽出してコメントしてみることにする。

シルバーらっこの会（絵本コース）は、紙芝居を毎月の定例公演会のほかに、出前公演で市内の老人介護施設、ケアーセンター、などに年間八七回開催している。この他に不定期の出前公演として、毎月何回か出かけている。

年間にすると、二〇〇九年度実績で一一七回ということで、おそらく、数ある同窓会のなかで最も活動回数の多い団体であろう。

次に、これまでにも多種目の学科コースが開設されてきたが、最も数が多い同窓会は毎年にわたって一四団体生まれて、解散は二つという歴史観光コースの同窓会がある。参加人数も他のコースと比較すると、圧倒的に多数で活動も活発である。前述の六つの種類の活動はほとんど実施している。

たとえば、二〇〇一年修了の「五福の会」を取り上げてみると、毎月、歴史散策の会（例会）を行っている。懇親では、暑気払い（熱海花火大会）、浜名湖への研修旅行（一泊二日）、旅行記の配布などが実績である。このコースで特記しておかなければならないのは、一九九七年から二〇〇九年までの各修了生を会員とするいわば横断的な組織として「小田原ボランティアガイド協会」を立ち上げたことである。

この団体は、二〇〇六年四月にＮＰＯ法人化し、会員を四体制に組み込んで、年間三六一日にわたってガイドをし、市から観光バスの駐車場の管理を受託している。ガイドの実績は、年間二万件以上である。ガイドの収入は一人一日二〇〇〇円で、市からの委託料は年間一五〇〇万円である。

4　課題と方向性

　本学が一九九五年の開設以来、一五年の歴史を彫んできたことは、高く評価される。自治体ベースで、これだけの長い期間にわたって継続することは容易なことではないのである。そこで課題の一番目は、コース設定に関してである。

　開設当初は、教養学科、ふるさと学科、学芸指導学科（手品と絵本）の三学科で設定された。教養とふるさとというのは、どこでも無難な科目として設定されたのであろうが、手品と絵本というのは、恐らく、身近かなところに協力者がいないということで取り入れられたのだろうと想像される。

　教養は、他の学習機関との競合などあって、四年で廃止される。ふるさとの学習内容は、「発見コース」「歴史観光コース」に取り入れらて、現在でも継承されている。手品は短時間で廃止されるが絵本は、近年まで、隔年開催で生き残っている。これまでにも何回も言及したように、本大学の主流は歴史観光コースで、これは現在でも、圧倒的に希望者多く、修了生もがんばっている。

　コース設定について、時々、「児童文化」（二〇〇二年開設）、「地域デビュー」（二〇〇六年開設）「スクールサポート」（二〇〇七年開設）、「文芸」（二〇一〇年開設）など短期間の開設がみられる。いずれにしても、コース設定は、大まかな流れをみても、体系的な編成はむずかしい。試行錯誤しながら、走りながら考えて実施していく以外に方法がないのだろう。

　二番目は、学習の目的に関しての課題である。この大学の学科コースは、前述の如くの設定で、学習の目的は、シニアの一人ひとりが実践することによって、友人を得たり、新しい知識を習得して、健康づくり、生きがい創造にある。これらはとても大事なことである。学習の個人的目的である。これに対して、地域への貢献とか他者への奉仕という社会的目的ということは、あまり考えられてこなかったのではないかと思う。

たとえばコースが五本あるとしたら、これからの時代には、一本か二本は社会貢献を目的とするコースが必要になってくるだろう。本学についていえば、「地域デビュー」「スクールサポーター」「歴史観光」コースは、社会貢献の目的が前面に出ている。両者とも自分が取得したノウハウを他者のために奉仕することが内容として入っている。

三番目に、社会的目的の達成ということは、現在開講されている「レクリエーション」「ふるさと発見」などのコースの学習にあたっても、個人の充実目的の部分が多いが、一方では、ノウハウの取得によって、近隣や地域で指導したり、講師を担当することになれば、社会目的の達成につながることはまちがいない。この意味で各コースは、それぞれ学習内容のレベルアップが必要になる。

四番目に、学習成果の発表の課題がある。各コースの修了時に、それぞれ学習成果が問われて、なんらかのかたちで発表することが課せられる。これも、学習内容の質がよくならなければ学習者の発表の質を問うことはむずかしい。講師も事務担当者も、学習内容の質の向上に努めていかなければならない。それとともに同窓会の項目のところで十分に検討したが各団体は、学習成果の発信に努力する必要がある。それぞれがんばっているのであろうが、いくらでも向上させていく手段はあるだろう。

最後に今後の発展のためにどうしていったらよいかの問題である。これは、なんとしても、運営委員会がその役割を果たす必要がある。各コースの改変、学習の目的、回数、全般的な問題については、十分な議論をして、少しでもよいコースにしていくことが課せられる。

一方、各コースのカリキュラムは、カリキュラム委員会が設営される必要がある。これは現在の主な講師と将来の講師候補の人が集まって最善の内容にするように議論をして原案を決定してもらいたい。

三　大阪市のシニア対象のいちょう大学

かねてから、大阪市のシニア対象の「いちょう大学」には関心をもっていた。その理由は、二〇年近い歴史を築いていること、大阪の文化に貢献する人材を育成するために、歴史、美術、音楽、芸能、文学など、専門分野のコースを設けていること、年間三〇回の授業などが評価できるからである。五コース、定員各四〇名という人数で、各コースには専門家の講師が授業とゼミを行っている。学習の成果物を重視していることも関心をもっていた。二〇一〇年四月に市総合生涯学習センターを訪問して、西口良彦、岸本満雄両課長にヒヤリングをして、まとめてみることにした。

本市は、一九九二年に「生涯学習大阪計画」を策定し、地域（小学校）、ターミナル（市民学習センター）、広域（総合センター）の三層構造で推進している。これまでにも何回も取材し、拙著で発表したことがある。ここでは、「いちょう塾」をまとめてみることにする。

1　市の主な生涯学習事業

市の学習機会提供は、大別すると、以下の五本（ネットワーク型市民セミナー、出前講座、高齢者事業、人材育成・研修、教育コミュニティ支援）がある。

ネットワーク型市民セミナーは、協働型と会場型に分かれていて、前者は博物館群連続講座、人材に関する講座などで、市行政内の各部局による協働によって提供するものである。会場提供型は、「団塊の世代のための再就職支援セミナー」（全三回）が当てはまる。

二つ目の出前講座は、市職員が地域の団体グループを対象に、大阪市の取り組みや情報を提供するものである。最近、インターネット申し込みを実施している。年間の申し込みは六〇件、実施件数は五五件という数である（数の多いテーマとして、生涯学習（七）、花と緑の育て方（七）、地方分校（五）、遺跡（四）、図書館の利用（三）など）。

三つ目の高齢者事業は、いちょう大学、高齢者学級、いきいきセミナーなどがあるが、これは後に詳述する。四つ目の人材育成・研修事業は、生涯学習インストラクターバンクが主である。登録者数は、インストラクター（四八七人）、高齢者リーダー（一〇九人）が登録されていて、登録前研修（全五回）、登録後研修（全四回）を行っている。

登録前研修は、市の生涯学習、生涯学習推進員との交流、市民が教えること、地域の学習活動、一日教室（教室・運営を体験するために一般市民参加者を募って実施）の五回である。登録後研修のプログラムは、生涯学習推進員との交流会（四回）、地域の学習活動を考えるである。バンク登録者の派遣できた件数は、二〇〇九年度で二四三件である。

五つ目の教育コミュニティ支援は、生涯学習推進員養成事業がある。具体的にいうと、養成講座と研修、教育メディア指導者研修は、パソコン講座、一六ミリ映写機技術講習会、ビデオ編集講座などである。生涯学習推進員養成講座（全五回）は、生涯学習とは、大阪市の生涯学習ルームの基礎知識、グループワーク（ルーム運営）、グループワーク（講座の企画①・②）の五回で、講師は四回が外部への依頼である。研修は、三年次対象で、グループワーク中心である。

グループワークは、主として、生涯学習ルームの運営をいかに充実させるかということを中心テーマにしている。なかでも、ルームの運営について、企画や講座のあり方などに力が入っているように思う。

そのほか、事業として、大学との提携事業（パネル展「大阪市の生涯学習と大学・大学院展」と講演会）、大阪市立大学との連携事業（全三回）、活動団体への助成（応募四〇団体、助成一団体一〇万円、二〇団体）、ミーティングスペースの提供（二〇〇八年度利用件数九三八件、利用者数六〇〇〇人）、ネットワークサロン主催の講演会（六一回）、市内の自主グループに会議室を貸して開催された講座は、「自主事業」として一〇講座が開催された。生涯学習イベントは、「総合フェスタ二〇〇八」と題して、一一月に市総合生涯学習センターで開催された。講座（一二）、一日体験教室（一三）、パネル展示（一七）、情報ロビー、特設ステージ、ビデオ上映などがあって、二〇〇〇人が参加した。

市内には市民学習センターが四カ所設置されていて、各々が市民に対して学習機会を提供している。それぞれ特徴あるプログラムを開設しているが、共通の講座関連をみると、以下のものがある。

各センターによって、集計の仕方が違うので、上述の数字はあくまでも目安として、『事務概要』から選び出したものであることをことわっておかなければならない。これらのセンター提供事業のほ

表3-4　市民学習センターのプログラム

	弁天町	阿倍野	難波	城北
市民セミナー	4	10	8	—
はじめ専科（前期）	10	16	10	7
はじめ専科（後期）	14	7	7	5
グループ支援講座	3	5	5	8
芸術文化サロン	4	2	5	3
貸室利用件数	7,022	8,128	9,239	5,433

かに、各室の利用数（市内団体利用が大体七〇％前後）は、若干の違いがみられる。

2　いちょう大学の学習内容

本市の高齢者対象の生涯学習は、いちょう大学が主体となっている。この大学の目的は、以下のように述べられている。

いちょう大学は、六〇歳以上の市民の皆さん方の「もっと学びたい」「新しいことに挑戦したい」という高い学習意欲に応え、系統的学習と仲間づくりを通して、健康で豊かな生きがいのある日々を送ることができるよう、平成四年度から開設している一年制の高齢者大学です。

大学の概要は、一年制で、対象は六〇歳以上、定員は、一コース四〇名、受講料は発足以来長い間無料であったが、二〇〇五年から有料（年額八、〇〇〇円、「美術・水彩画」は一万円）になった。会場は、近年は市立城北市民学習センターとなっている。

コースについては、一九九二年開設時には、「歴史・郷土史」「美術・工芸」の二つでスタートしたが、その後いろいろと変わって、二〇一〇年では、歴史と考古学（九六）、美術・水彩画（一五三）、文学（七五）、上方の芸能文化（七二）、世界の歴史と音楽（四八）の五コースに落ち着いている（カッコ内は応募者数）。

それでは、この一八年間のコースがどのように変わったか、また、各コースの応募者数の推移はどうであったかを追求してみることにしたい。一九九二～一九九四年までは「歴史・郷土史」「芸術・工芸」の二コースで、一九九五年から新たに「大阪の文化」「伝統工芸」「国際理解」「生活技術」の四コースが立てられた。一九九六年には、さらに、「美術」「こころとからだの健康」が加わって六コースに増え、二〇〇四年まで続いた。二〇〇五年から、「こころとからだの健康」はなくなって、二〇〇六～二〇一〇年までは五コースで運営されている。コース選定は、受講者のアンケートや応募者数の増減を考慮して変更している。次に、応募者数の変更について統計で調べてみることにした。

応募者数の高いコースは、「歴史と考古学」「美術・水彩画」の二コースである。前者では、二倍（二〇〇三、二〇〇九年）、四倍（一九九三年）、五倍（一九九三、一九九六年）、六倍（一九九四、二〇〇一年）、七倍（一九九九年）など、なんとも高い応募率である。後者については、二倍（二〇〇五年）、三倍（一九九三、二〇〇三、二〇〇九年）四倍（一九九四、一九九六、二〇〇二、二〇〇四、二〇〇七、二〇一〇年）、七倍（二〇〇一年）など、これも高い数字である。

これらの二コースを除くと、応募者数はそれほど多くない。たとえば、「国際理解」は二〇〇一年に二倍になったのを例外として、定員一倍というのが、一九九四～一九九七年で定員確保できなかった年は、二〇〇三～二〇〇五年で、この年に打ち切りとなり、二〇〇六年は開催されなかった。

「文学」は、二倍が一九九五～二〇〇〇、二〇〇六、二〇一〇年、一倍強が二〇〇二、二〇〇七～二〇〇九年、定員に達しなかったのは、二〇〇三～二〇〇五年である。「国際理解」は、一倍（一九

図3-1　主なコースの応募者数の推移

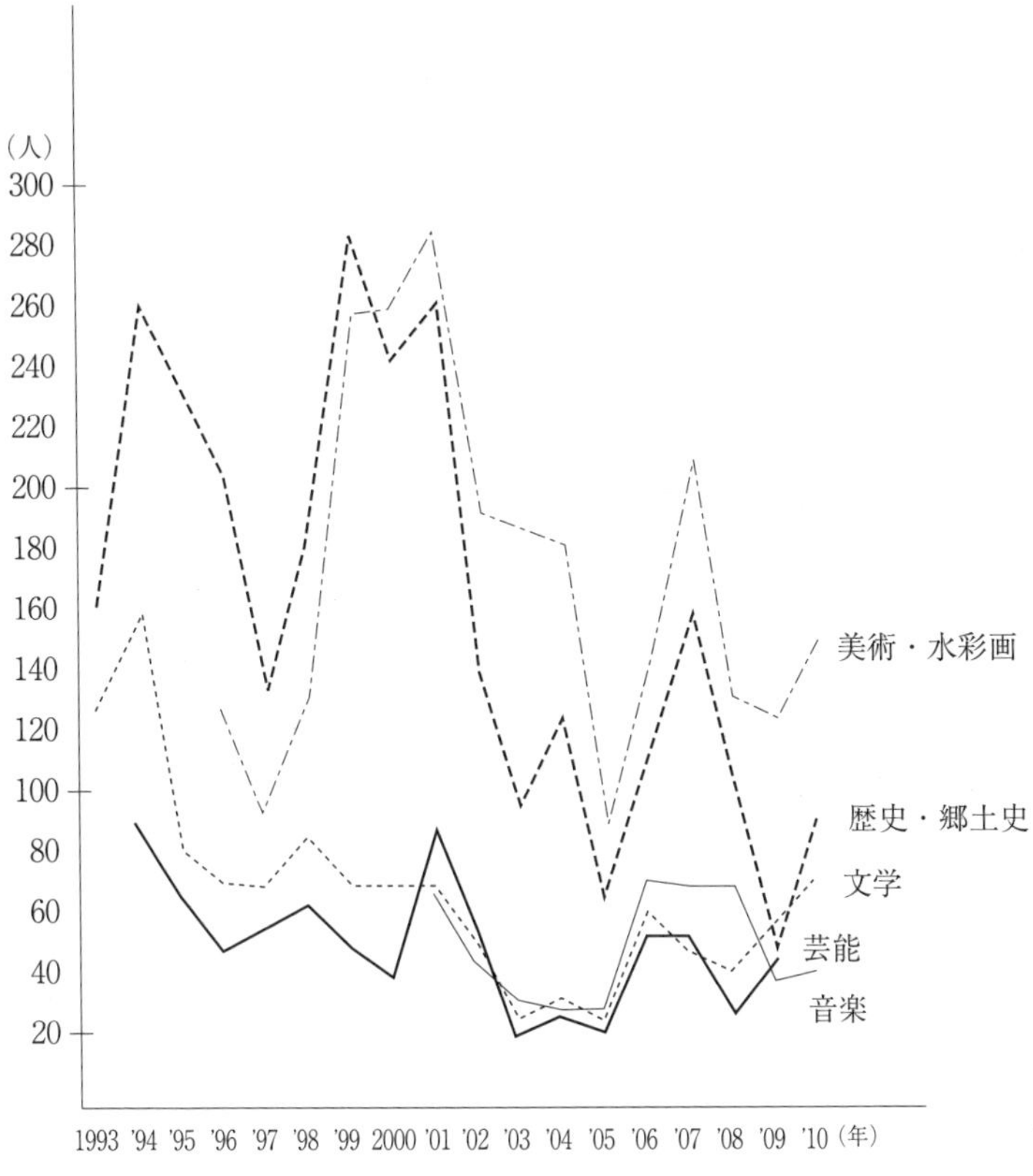

九四〜一九九七年）、二倍が二〇〇一年のみで、定員に達しなかったのが二〇〇三〜二〇〇五年で二〇〇五年に打ち切りになった。

「伝統芸能」は、二倍が二〇〇六〜二〇〇八年、一・五倍が一九九五、一九九九、二〇〇一、二〇一〇年、定員割れが二〇〇三〜二〇〇五年である。

「音楽」は、二倍が二〇〇八年、一・五倍が二〇〇〇〜二〇〇二、二〇〇六、二〇〇九、二〇一〇年、定員割れが二〇〇三～二〇〇五年である。「こころとからだの健康」は、一九九六年に開設されて、二倍（一九九七、二〇〇三、二〇〇四年）、三倍（一九九六、二〇〇二年）、四倍（一九九八～二〇〇〇年）、五倍（二〇〇一年）と応募者に人気が高いが、二〇〇四年に理由はわからないが廃止された。

3　学習成果と課題

本学のプログラムは、五コースとも年間三〇回で、五月スタートで二月に修了である。共通しているのは、講師による講義が一八回、合同講義という五コース共通の時間が五回、レポート指導三回、現地研修二回などである。

「美術・水彩画」は、講義の回数が少なく、描くことが中心に指導される。講義は講師の話を聞くことが中心になるが、ただ受身的に学ぶのではなく、学習したことを知識としてアクティブに調べて、レポートにまとめることが重視されている。

各コースとも講座終了時に、グループでレポート作成が課せられる。レポートのテーマは、ほとんどのものが講師が授業内容から選択されている。タイトルを示すと以下のようになる。

○文学コース（三七名）　たつみ都志

団塊世代らんまん

人間与謝野晶子　～その歌世界にたぐいひなきひびきあり～（九）

田辺聖子　時代と人を語る　多彩な世界（九）

江戸川乱歩を読んで（三）
谷崎潤一郎の愛した関西（六名）
織田作之助の魅力（六）
宮本輝『骸骨ビルの庭』（四）

○美術・水彩画コース（三二名）　井上美紀
頭やわやわピカピカの心と目で
私の大阪を描く（三二）

○歴史と考古学コース（三三名）　長山雅一
〝邪馬台国論争〟思いつくまま
なにわの神さんの珍しいものを探しました（一〇）
文楽について（五）
難波宮跡の周囲にある谷の今昔（六）
消滅した堀川の歴史（六）
淀川概観（六）
七にまつわる天王寺上町台地　―七坂・七名水・ゆかりの七先人とその周辺―（五）

○世界の文化と音楽コース（三四名）　巣山靖司
レポートとともに歩んだいちょう大学の歴史
映画音楽考（二）
宗教音楽　～キリスト教音楽を主として～（三）
心に残る音楽（四）
オペラとバレエ（五）
源氏物語と音楽（二）
高齢者に愛される演歌と日本民謡（三）
タンゴのしらべ（四）
日本のわらべうた（六）
日本の音楽の大衆化の流れについて（五）
年末になぜ「第九」が演奏されるのか？　日本人がベートーヴェンを好きな理由は？（一）
名指揮者　カルロス・クライバーの魅力に引かれて（一）

○上方の芸能文化コース（三五名）　棚橋昭夫
友情の芽
狂言を楽しむ（三）
文楽の誕生とその魅力（四）

文楽の女たちの人間模様（五）
歌舞伎に魅せられて（五）
上方浪曲の源流と変遷（四）
上方落語の面白さ（六）
上方落語の舞台を歩く（五）
まくらと小噺・新作落語（二）
松竹新喜劇の発祥について（二）
大阪の芸能・点描（四）

それぞれのレポートを読むと、メンバーが互いに協力しあって熱心に調べ、文章を書いている。苦労しながら努力して、立派な作品に完成させている。アドバイザー役の講師も一ページ目のコメントを書いている。「文学」コースの武蔵川女子大学のたつみ都志教授は、「議論好きの一軍が、昼休み、時間短しとばかり議論しあったり、（中略）最後の日。「先生、若い学生を教えるのと違うて、我々年寄りを教えているとエネルギーを吸い取られる気イしますやろ？」と言われた。いえいえ吸い取られるどころか、圧倒されました」（同書九頁）と記している。

「美術・水彩画」の井上美紀講師は、「頭やわやわピカピカの自分の心と目で、「今を生きる自分」の作品を描いてください。描き続けていれば、かならず自分だけの作品ができ技術も上手くなります。（中略）いちょう大学がきっかけとなり、一人でも多くの方が、絵を描き続けていかれることを願っています」と激励する（同五五頁）。

「世界の文化と音楽」コースの大阪大学の巣山靖司名誉教授は、レポート水準の高さを評論して、次のように書いている（同一二九頁）。「この方を思い出すにつけ、レポートを卒業の要件として現在まで続いてきたいちょう大学の役割の大きさに驚かされる。老いた脳の再活性化に当たってのいちょう大学の役割について、あえて言及する必要もないと考える。（中略）グループが全く新しい人間関係を形成し、その中で老後を最大限に楽しんでいる多くの人々の存在を報告しなければならない。レポート作成は、新しい人間関係形成の核となったのである」。

「上方の芸能文化」コースの宝塚造形芸術大学の棚橋昭夫名誉教授は、次のように学習成果についてコメントしている（同一八七頁）。「そこから六〇歳以上の友情が生まれた。中国語でも終わることを「完了」と言いますが、もうひとつ、「結束了」とも表現します。グループそれぞれに結束したのです。願わくば、グループ四〇人全員で結束したかった。みなここへこなければ出会えなかった人に出会えたのですから。この講座へ参加したことを機会に「友情の芽」を育み、深い味わいを残りの人生に役立てて欲しいと思います」。

各講師も高く評価しているように、力作が二七本、五コースで応募者三八四名、受講者は一七一名、修了者は一六〇名であった。

提出されたレポートは二七本（執筆者合計一七一名）である。自主研究に参加できた人は一部の人で、グループ編成、集会の日程、その他の理由で参加できなかった人が多いのは、やむをえないことだろう（一人で二つ参加した人あり）。

本学の今後のあり方について、歴史と現状をふまえて考えてみることにしたい。まず、目的論からいって、コースの内容からみて、歴史、文学、美術、音楽、芸能の五つとも、学んだ成果が個人に帰着する。学習成果のもう一つの分野である社会貢献にも、地域活動への寄与という学習内容が入っていない。

個人が趣味と関心で自分のために学び、学んだ成果が、上達、成長、満足といった個人に帰ってくるものは、私費で学ぶのに何の問題もない。しかし、市の税金という公費を使うのであれば、個人的目的だけでなく社会的目的が含まれてなくてはならない。

前述の五分野を学んで、後輩や子どもたちに教えてあげるとか、指導すること、また、そうすることが市民の生きがいや張り合いになって、元気になったり健康を取り戻したという成果が出てくれば、それは社会貢献をしたことになる。理想としては、そうしたことが求められるが、現実には、そのレベルに到着することは少なく、多くの活動が社会的目的を果たすことなく自己満足で終わっていることが懸念される。

したがって、改革として、いかにして社会的目的の学習内容を加えるかが課題となる。近年、各地で地域リーダーの育成コース（プログラム作成、講座の運営、各種ボランティアの育成など）が台頭している。学んだ成果が自己満足として個人的楽しみの場合と、市民や隣人の役に立った喜びと比べると、後者がはるかに大きいことに、多くの学習者が気づくものである。

本学の改革について、この点についての議論が始まっていて、将来的に新プログラムができることを大いに期待したい。すでに二〇年近い実績をもっているので、各方面に多くの指導者を出して、地域の生涯学習に貢献していることは確かである。それでも、なお一層の飛躍を願いたい。

四　兵庫県の高齢者を重視した生涯学習

行政の推進する生涯学習にも一種の流行のような変転がある。近年は、国も自治体も子ども中心の生涯学習へのシフトが強く、高齢者のますますの増加とは逆に、高齢者対象の事業は減っている。こうした状況にもかかわらず兵庫県は、長い間、高齢者重視の生涯学習をつらぬいている。

この特徴は、近年どうなっているかを確かめたいと思って、久しぶりに兵庫県県民生活課の鬼本英太郎課長に取材を依頼した。県の生涯学習は、この特徴が変わっていないことが確かめられた。大きく変わったのは、かつては高齢者大学を除いて県直営の事業が主体であったが、受け皿の財団の機能を拡充させて、大部分の生涯学習事業が財団によって運営されることになった。以下で、生活創造行政、生涯学習の支援、高齢者の学習の三本柱について概観してみることにしたい。

1　生活創造行政の企画、推進

この事業は、県民生活審議会の運営（二〇〇九年六月、旧県民生活審議会と生涯学習審議会を統合）、県民交流広場事業、生活創造活動拠点の運営などを含んでいる。

県民交流広場事業は、小学校区を単位として、多彩な分野で地域づくり活動ができるように法人県民税超過課税を活用して経費の助成を行うものである。事業概要は以下のようにまとめられている。

採択期間　平成一八年度～平成二二年度

実施地域の選定方法　申請のあった地域の中から、県民局が市町や広域推進委員会の意見、地域の自主性・プランの熟度等をもとに選定
対象となる地域　原則として小学校区を区域とする地域。小学校区を分割又は統合した区域も可
申請主体　自治体、婦人会、老人クラブ、子ども会、ＰＴＡ、各種グループ等で構成された住民組織　※既存組織も可
対象となる取組　・住民誰もが利用できる地域コミュニティの拠点整備
（集会所、公民館、コミセン、余裕教室、空き店舗等の改修、新築、備品購入等）
・拠点を活用した地域づくり活動の展開
（新たな活動の開始、既存活動の充実）
助成限度額　・一小学校区：整備費一〇〇〇万円以内、活動費三〇〇万円以内
・小学校区の統合：一校区の額×統合数（三校区限度）
・小学校区の分割：一校区の額を分割
※いずれも、備品購入のみの場合、整備費限度額は二分の一
特例措置　整備費・活動費間での配分変更（二〇〇万円限度）
助成方法　採択した地域に対し、県民局が概ね五年間で毎年度必要額を直接助成
事業の財源　第七期法人県民税（法人税割）超過課税収入
（収入期間：平成一七年一一月～平成二二年一〇月）

生活創造活動拠点の運営では、丹波の森公苑（一九九六年開設、丹波市）、神戸生活創造センター（二〇〇〇年）、東播生活創造センター（二〇〇八年開設、加古川市）三カ所がある。施設の内容は、創作工房、スタジオ、ギャラリー、パフォーマンススペースなど主で、年間利用者は各々二六万人、一二万人、九万人と多い。

文教府、文化会館は以下の三カ所を運営している（一九九九年開設）

但馬文教府（二〇〇八年度利用者　六・六万人）

西播文化会館（　〃　五・八万人）

淡路文化会館（　〃　五・四万人）

これらの施設には、地域生活創造情報プラザが開設されている。これらの施設を使ったイベントとして、地域コミュニティ・アワード二〇〇九は嬉野台生涯教育センターで前述の広場地域ブース展示を行った。わが町わが村の「地域の担い手」発展プログラムは、各県民局から一カ所を指定し、全県で一〇カ所の発表をしてもらった。その他フォローアップとして、地域協働推進員による個別のアドバイスやコミュスティ応援隊の派遣を行っている。

2　生涯学習支援のための基盤づくり

県の生涯学習事業体系は、生涯学習の全県的推進、支援、生きがいづくり・地域づくりの支援、自然環境を生かした学習機会の提供、高齢者学習の推進の四本柱になっている。これらの事業の企画、総合調整は、県の県民生活課が担当しているが、実施は財団法人兵庫県生きがい創造協会が担当する

表3-5　交流広場事業の具体例

1　子育て	
西宮市越木岩地区	守れ伝統文化～ちびっ子おはやし隊
加東市暢川地区	地域こども教室
西宮市瓦木・深津地区	みんなが自由に集まるぽっかぽか広場
篠山市日置地区	丹波こころ学でふるさと意識を醸成
2　高齢者，障害者支援	
相生市青葉台地区	笑顔で小物づくり
丹波市市島町美和地区	ふれあい喫茶
たつの市揖西東地区	給食の残飯で肥料作り
洲本市鮎原地区	地域の自然を守る地域河川環境事業
3　防災・地域安全	
宝塚市宝塚第一地区	防犯わんわんパトロール
加古川市別府町地区	地域課題を見据えた主体的活動
4　地域国際化	
神戸市東灘区六甲アイランド西地区	国際文化を学ぶ料理教室の開催
南あわじ市伊加利地区	留学生を通じた国際交流
5　その他	
新温泉町久斗山地区	地元農産物を使った特産品づくり
姫城市花田地区	地場産業の振興による地域活性化
豊岡市中筋地域	地域資源を生かした多世代交流

ことになった。

運営組織は、事務局と生涯学習情報プラザ、いなみ野学園、阪神シニアカレッジ、嬉野台生涯教育センター及び支部（西播磨、但馬、丹波、淡路）である。職員は県からの出向が二〇数名とプロパー職員、予算は二〇〇九年で五・七億円となっている。以下で個別の三事業をみていくことにしたい（同協会編『事業概要』平成二一年版参照）。

(1)　生涯学習の全県的推進、支援

内容として、社会教育、

生涯学習指導者の育成、学習情報の提供、学習相談、県民交流広場の支援などの事業は嬉野台、ひょうご生涯学習支援ネットワーク会議、支援機関フォーラム、生涯学習リーダーバンクはプラザの担当である。

嬉野台生涯教育センターは、加東市に一九七九年に開設され、宿泊棟を有し、一九八六年には利用者が一〇〇万人を突破し、一九九二年二〇〇万人、二〇〇一年三〇〇万人を突破した。利用者は毎年二〇万人を記録している。

生涯学習情報プラザは、一九九五年に神戸市東川崎町の神戸クリスタルタワー内に開設され、学習相談と学習支援を行っている。スタッフとして、生涯学習アドバイザーが配置され、「生涯学習支援者の養成講座」も開催している。二〇〇八年の利用者は三・五万人を記録している。

(2) 生きがいづくり、地域づくり活動の支援

この事業は、地域活動の人材養成、活動支援（団塊世代の広場デビュー、サラリーマンシニアの活動支援）、実践活動の場の提供（県民交流の船、高齢者陶芸の村、園芸センターの運営）、調査・研究・情報発信などである。協会本部が事業運営を担当している。

主な事業について特徴をみていくことにしたい。「ひょうご創生塾」は、ふるさとづくりの新しい地域リーダーを育成することを目的に二年制で毎月第三土曜、翌日曜日の一〇時から一六時、定員三〇名、授業料は三万円である。学習のねらいとカリキュラムは以下のとおりである（学習のねらい／カリキュラム）。

一年次

導入講座　やる気を起こす／塾長講話、地域づくりの視点

こころをほぐす・創生塾における人間関係をつくる／人間関係づくり

自分と向き合い・目標を設定する／塾生活に向けてのこころがまえづくり（宿泊研修）

基礎講座　地域社会や市民活動をとりまく状況を学ぶ／住民と自治、コミュニティ論、社会動向、地域づくり、ボランティア論、ネットワーク論、NPO論

実践講座Ⅰ　活動実践の考え方をついて学び、必要な技術を習得する／グループ運営、問題解決の手法、コミュニケーション、会議運営法

実践講座Ⅱ　実践活動を企画立案するための考え方や技術を身につける／実践活動の企画づくり

二年次

実践講座Ⅱ　一年次の学びを総合的に応用して、活動を実践する力を身につける／企画書報告会、実践活動、実践活動の報告会、まとめ作成、公開講座

「地域活動指導者養成講座」は、対象が五六歳以上で、開催場所がいなみ野学園ということなので、本来的には高齢者教育に位置づけられてもいいと思われるが、県は、二番目の柱としているので、以下で概観することにしたい。

内容は、二年制で一学年は火曜日・二学年は金曜日、午前は専門・午後は教育講座、年間授業日数は三三日（一三二時間）、学習内容は健康福祉五〇名・地域環境五〇名、入学金六〇〇〇円、受講料年間六万円である。講座内容（系群、◆学習目標、◇主な学習内容）は以下のようである。そのほか

に、各系群別に夏期実習またはボランティア体験（三日間）がある。

教育講座

各系群共通　地域活動の指導者として共通する知識技能の習得
◇リーダーシップ、組織運営、事業の企画運営、コミュニティづくり、政治・経済国際等の時事問題、生涯学習、人間学心理学、高齢者問題、卒業論文等

専門講座

健康福祉系
◆中高年期における健康管理の実践活動の普及、相談指導ができる人材の養成
◆中高年期のスポーツ・レクリエーションの普及にあたる人材の養成
◆地域のボランティア活動を推進する人材の養成
◇健康科学、食生活、運動と体、心の健康、スポーツ指導理論、レクリエーション、エアロビクス、体力診断、スポーツ技術福祉活動、公民館活動、ボランティア活動、介護・リハビリ研修等

地域環境系
◆老人クラブ活動の育成にあたる人材の養成
◆地域コミュニティづくりの指導にあたる人材の養成
◆地域の身近な環境問題や資源の有効活動を推進する人材の養成
◇老人クラブ活動、地域コミュニティづくり、公民館活動、青少年育成、子育て支援、男女共同参画、ＮＰＯ活動、自然災害への対応、緑化対策、資源リサイクル、温暖化防止等

(3)　**自然を生かした学習機会の提供**

この事業は、すべて、人里から離れた自然環境の豊かな嬉野台に立地する生涯教育センターで実施されている。この施設は設立以来、青少年施設（体験学習棟、キャンプ場、体育館、青少年宿泊研修棟など）が併設されているので、青少年対象の事業が多い。

①　学習機会の提供

春のフェスティバル

地域文化団体の支援（コーラス大会、みんよう大会、美術展、芸能祭）コースセミナー（小中高校生対象）世代間交流事業

②　場の提供

社会教育関係者研修

学校、学習活動（自然学校）、企業、社会教育団体の研修

創作活動（木彫、木工室、体験工作棟）

スポーツ、野外活動

3　高齢者学習の推進

本県の高齢者学習を述べるにあたっては、いなみ野学園の存在から始めなければならない。その開設は、一九六九年ですでに四〇年の歴史を経過している。学園開設の趣旨は、以下のように書かれた。（「いなみ野学園四〇周年記念誌」二〇〇八年、一二九頁）。

こうしたひとびとのために、このたび兵庫県教育委員会では、その豊かな人生体験を生かしながら、さらに新しい時代の知識・技術を組織的かつ経続的に学習する機会をつくり、社会活動への参加による生きがいと充実した生活を創造するために、「老人大学」および「花と小鳥と昆虫センター」を内容とするいなみ野学園を開設することになりました。

立地の場所は、加古川市に所在する県立農業高校で、通学制は講座は、教養教科（五〇時間、定員一〇〇名、専門教科（園芸・造園、家畜、昆虫・魚、機械・土木、食品、社会の福祉の六コース、（五〇時間、定員各コースとも四〇名）である。

通信教育課程は、一〇〇時間、六〇〇名でどちらの課程も実習があって、五日間、一期間に二〇～三〇名が予定された。授業料は無料、入学資格は六〇歳以上であった。

基本的枠組は、四〇年経過した二〇〇九年になっても変わっていないが一九七八年には、学科は、園芸、自然、生活、福祉、ふるさとに変わった。さらに一九八九年では、園芸、健康・福祉、文化、陶芸、ふるさと、の五学科になり、ふるさとが消えて、二〇〇九年の講座内容は表3－6のとおりとなった。

定員については、かつては各学科五〇名であったが、現在は園芸と文化は一〇〇名、健康福祉は二〇〇名、陶芸だけは四〇名となっている。

授業料は入学金六〇〇〇円、受講料年間六万円である。

一九七二年の卒業者は、平均五〇〇名の入学者に対して、四五〇名程度であるから四〇年弱で一万五〇〇〇人となっている。入学者の地域は、加古川市（二一二三人）、明石（一〇一人）など東播磨が

表3-6　2009年の講座内容

	学　科	学　習　目　標	主　な　学　習　内　容
教養講座	各学科共　通	地域活動の実践者として必要な一般的教養を習得する。	高齢者の生涯学習，福祉及び社会参加，現代社会の動き，文化，宗教，思想，健康，人間関係
専門講座	園　芸学　科	園芸に関する知識技術を習得し，合わせて地域社会の発展に寄与する能力と態度を養成する。	栽培の基礎，病害虫防除，土と肥料，野菜，花，果樹の栽培，盆栽の作り方，庭木の手入れ，庭の設計と鑑賞，花卉・野菜，庭木各コース別実習
	健康福祉学科	健康と福祉に関する学習を通じて日常生活を見直し，地域社会の発展に貢献する態度を養う。	高齢者の健康管理，疾患，スポーツ・レクリエーション及び衣食住，精神衛生及び社会参加，人間関係，社会福祉，ボランティア活動，看護・介護，カウンセリング
	文　化学　科	文化に関する教養を深め，趣味と生活を充実するとともに学習成果を地域社会の発展に活用する。	文学，宗教，思想，歴史，芸術，地誌，民族学，地域文化，伝承文化，日本及び世界の文化
	陶　芸学　科	作陶の喜びを味わい，陶芸に関する学習と教養を深め，その成果をもって地域社会の発展に寄与する。	陶芸の歴史と鑑賞，作陶，釉薬，焼成

資料出所：『事務概要』

七割と多い。神戸市は一三%、西播磨九%がつづき、阪神、丹波、淡路は数名という数である。学生の年齢については、一九七八～一九八八年と一九八九年以降とを比べると、六〇代前半（三一・〇%、一五・四%）、六〇代後半（四二・三%、五一・二%）、七〇代前半（一九・七%、二六・五%）、七〇代後半（六・二%、五・一%）と高齢化してきている。

受講生の社会参加活動に関する意識は、どういう特徴をもっているか引用してみることにしたい（前掲書一〇二〜一二〇頁）。

調査対象は、地域活動指導者講座一二期生〜二一期生一三八一名である。活動の有無は、「している」九〇・一％、頻度は、週に一〜二回（三〇・九％）、週に三、四回（二三・三％）、月に二、三回（二一・一％）とかなり高い。活動に役立つものは、図3－2のようになる。

活動の内容は、同窓会・OB会（七〇・〇％）、町内会・自治会（六二・一％）、趣味のサークル団体（六一・六％）、健康・スポーツのサークル団体（五二・一％）などが多い。活動してよかったことは、以下の事柄である。

仲間ができた（四九・一％）
対象者に喜んでもらえた（三七・五％）
活動後の充実感（三五・一％）
健康で若々しくいられる（二六・四％）
周囲の人と共通の話題ができた（二〇・八％）
人生の生きがいができた（一九・〇％）

本学園には、クラブ活動がある。発足は入学と共に創立された古いものもあるし、近年生まれたものもある。会員の数はグランドゴルフ（一七四人）、歌謡曲（一六九人）、パソコン（一五六人）、社

図3-2　社会参加活動に役立ったもの―性別

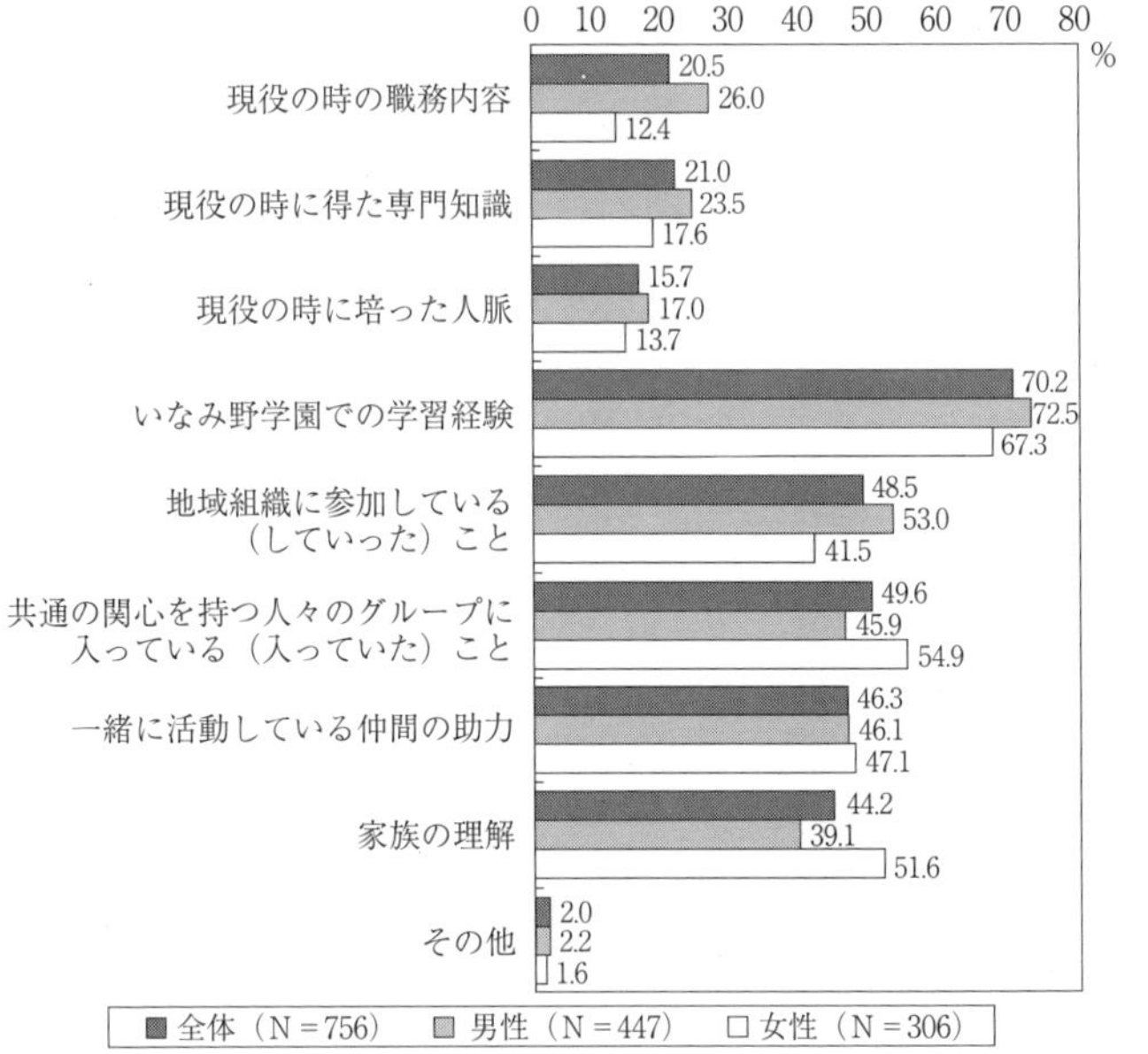

交ダンス（一五〇人）、旅行友の会（一三二人）、ゴルフ（一〇九人）など多いものもあるし、一〇人、二〇人という少ないものもある。

ほとんどの会が毎週一回程度の集まり、練習日をもっている。学園側は、しかるべき教室、施設を使ってもらっている。大学院は、二年制で、定員は一〇〇名、講座内容は、共通八日・ゼミナール八日・自主学習一六日の合計三二日で、地域づくり研究科（安全、安心、健康、活性化、次世代）、生きがい創造科（園芸、陶芸、地域文化、国際理解）の二つが学科がある。

一学年は月曜、二学年は木曜、学費は入学金六〇〇〇円、受講料年額六万円である。一九九九年開設の高齢者放送大学は、定員五〇〇名、毎週土曜午前六時三〇分から三〇分間のラジオ放送（ラジオ関西）を聴講する。スクーリングは中央年二回、地方年一回、宿泊研修を行う。受講料は六〇〇〇円である。

本県には、いなみ野学園の他に阪神シニアカレッジが開設されている。

この学園は、一九九七年に四年制老人大学として、宝塚市に設置された。修学年限は四年で、授業は週二回、年間六〇日、一二〇授業時間、定員は園芸学科（宝塚）、健康福祉学科（西宮市）、国際理解学科（尼崎市）の各々五〇名である。共通科目は、宝塚ソリオ八階で行う。

県立の高齢者大学は、そのほかにも以下のように開設されている。

うれしの学園生涯大学（加東市）

西播磨高齢者文化大学（揖保郡新宿町）

但馬文教府みとやま学園（豊岡市）

丹後ＯＢ大学（丹後市）

淡路すこやか大学（淡路市）

これらの高齢者大学は、総務部の主催で研究協議会を行って、高齢者学習の質的向上と一体的な推進のために集会をもっている。毎年一回、「学ぶ高齢者のつどい」は各市持ち廻りで中央大会とブロック大会（県内五ブロック）が開催されている。

本県の生涯学習推進について概観してきて、今後の展望を述べてみたいと思う。一つは、生活創造行政と生涯学習の関係をどうとらえたらよいかということである。このことについて、担当の鬼本英太郎県民生活課長は、開口一番に「生涯学習がインプットで生活創造がアウトプット」と語ってくれた。

私も、一般論として、これまでこの考え方を主張し、すでに何冊かの拙著で書いているので、とてもよく理解できた。両者は、私の場合、同等の関係ではなく、生活創造（文化創造）が目的とするならば、生涯学習は手段という考え方である（拙著『住民主導の生涯学習地域づくり』世界思想社、二〇〇六年、第五章の一「生涯学習と地域文化の相乗効果」を参照）。

この考え方に立脚すると、どこの地域の生活創造（文化創造）も、なかなか成果をあげにくく、発展途上にある。行政は住民のインプットに対しての支援や提供は、それほどむずかしくないが、アウトプットに対する支援や提供はむずかしいということである。そもそも、アウトプットのほうは、どこまでも住民主体が大事で、行政の力は、なかなか及びにくいのである。本県についても、これは当てはまると思えた。今後この点をふまえて、住民主導の方策を確立するために、むずかしい挑戦だがノウハウを磨く必要がある。

二つは、この分野のほとんどの事業を財団法人兵庫県生きがい創造協会に委託したことである。県は、企画と総合調整の仕事に徹して、実行部隊は、外に出したことは、県行政の合理化がみて、当然のことであろう。現場は、厳しい予算と職員定数の削減のなかで、事業の質を落とさないように、できる限りの努力をしていると思う。合理化、コスト減も含めて、指定管理業者に再委託するのは、しかたがないことであろう。

これからの方向として、いずれの県も財政難は避けられないから、さらなる合理化が迫られる。このとき、高齢者大学は、県下で一万五〇〇〇人の卒業生を出して、卒業生の多くは、地域活動のノウハウ、学級や講座の運営を身につけた。さらに、なかには、講師として十分やっていける人も育てた。

　これらの人材は県内に広く居住している。協会の仕事のかなりの部分を担うことは可能なので、ボランティアまたは、有給のスタッフとして採用して後身の受講者や参加者のめんどうをみるような体制をつくるとよいと思う。地域別や活動別のサークルや団体はすでに多数できているから、研修会や研究会を実施して仕事をまかせると大勢の人が応募してくれる。また、スタッフ募集という投げかけをすると、卒業生は喜んでエントリーしてくる。この人たちは明日の戦力として実に有望なのである。

　三つは、二つ目に強く関係あるが、いなみ野をはじめ各地の高齢者大学の卒業生の活用をもっとしていく必要があるということである。この大学の参加者および卒業生は、地域に帰れば、各人とも地域のオピニオン・リーダーである。その人たちが大学校に通学し、地域活動のノウハウを身につけた（七〇・二％）と前述のアンケートで回答している。

　その割合は、長い仕事で身につけた職務内容（二〇・五％）よりも、はるかに高いものである。いなみ野に限らず高齢者大学で取得したノウハウを活用する場を確保する必要がある。高齢者の地域参加活動をみていると、身につけたノウハウを上手に地元で活用して自然にリーダーに成長していく人と、どうもそうしたことが、同じ程度、実力をもっているのにできない人がいる。

　後者の人に対して、行政は支援策をしていくことが必要になる。たとえば、リーダーバンク、出番を斡旋するしくみなどをやってもらうとよいであろう。きっかけをつくってもらえば、実力は養ってきたのだから活動に導かれ、数年で立派なリーダーになっていくのである。加齢は万人に迫ってくるから、居住地の活動が最も大切になる。

五　明石市のコミュニティづくりと生涯学習

一〇数年ぶりで兵庫県明石市（人口二九万人）を訪ねた。かつて、昭和五〇年代に何度か調査で行ったことがあり、一九九八年国の生涯学習フェスティバルでシンポジウムの講演でも訪問したことがあった。このたびは、市民主導のコミュニティ活動と生涯学習が三〇余年でどういう成果を生んでいるかを知りたいと思った。

担当の市のコミュニティ推進室の高田啓三課長、朝霞コミセン小林稔所長に関連のデータの提供を願いヒヤリングをさせてもらった。そこで感じたことは、コミュニティ行政について四〇年前に先弁をつけ、現在も一貫して継続していることを高く評価したいと思った。自治体の行政は、とかく猫の眼行政といわれるように、時代によって変わってしまう。一貫して政策をつづけることはむずかしい。それだけに本命のコミュニティ行政の蓄積を評価したいと思う。

1　まちづくりの拠点としてのコミセン

コミセンは一九七一年、中学校に設置され、一九九八年の大久保北の整備まで、一三校すべてに設置された。一九七四年から小学校コミセンの設置に着手し二〇〇四年、魚住小の設置により二八小学校すべてにコミセンが設置された。

二〇〇六年度から、地域支援ができるように、所管を教育委員会から市民部局コミュニティ推進室

表3-7　コミュニティ行政の年譜

1971年	第10代衣笠哲市長「コミュニティづくり」を行政運営の柱にする
1972〜74	大蔵，大久保，二見，朝霞など中学校区コミセン設置
1975	「コミュニティ元年」宣言，コミュニティ課開設
1980	「コミュニティカルテ」行政と住民の協働作業
1981〜90	「新長期総合計画」
1998〜2002	地域会議（第１回〜３回）
2003	北口寛人市長コミュニティの活性化に「市民参画と協働」をあげる
2005	アスピ７階に「市民活動フリースペース」設置
2007	小学校コミセンに所長配置
2009	小学校コミセンに10名の地域支援担当係長を配置
2010	４月，「自治基本条例」を制定

に移された。コミセン当初の目的は、以下の四項目であった。

①　市民の健康の増進
②　余暇活動の健全育成
③　住みがいのあるまちづくり
④　少年クラブ活動の振興（社会クラブの育成）

二〇〇六年二月「協働のまちづくりの提言」のなかで小学校区コミセンは、まちづくり活動の拠点として位置づけられ、中学校コミセンは、生涯学習と地域住民の交流の場として位置づけられた。コミセンの施設については、かつて詳しい取材をした（拙著『余暇と生涯教育』学文社、一九七九年、五三〜五九頁。『コミュニティの文化開発』学文社、一九八〇年、二二八〜二三七頁参照）。

コミセンは、当初、学校内の体育館階下方式を採用していたが、現在では、「併設施設」「独立施設」「学校隣接・独立施設」のいずれかを採用するようになってきている。開館時間は、平日・土曜日の午前九時〜午後九時、日曜日の午前九時〜午後五時で、休館日は月曜日、管理運営は地域の各種団体の代表者などから構成される「コミセン運営委員会」が行っている。主な活動の内容は、中学校コミセンは主催講座・教室の運営と登録サークルによる活動、小学校コミセンはスポーツクラブが中心になっている。

一方、市のコミュニティ行政は、コミュニティ推進部、コミュニティ推進室が担当している。具体的な施策は、以下のとおりである。

(1)　地縁型市民活動の支援

自治会の育成および活動支援（集会施設整備補助、自治会との連絡調整）コミュニティ意識の高揚

自治会元気づくり支援事業（二〇一〇年度新規事業）運営ノウハウ等の作成

(2)　分野型市民活動の支援

生涯学習センター七階「市民活動コーナー」の設置、実践活動助成（二〇〇九年度二四団体）

提案型パイロット協働事業（二〇一〇年度新規事業）

ＮＰＯ、ボランティア団体の支援

市民開放講座（二〇一〇年度新規事業）

(3)　協働のまちづくりの推進

・地縁型組織の支援（自治会加入率八〇・六％を高める。ＰＴＡ、子ども会、高年クラブの育成）

・小学校区コミセンの充実（所長の配置、コミセン施設の増改築、バリアフリー化）

・二〇〇九年度から市内を明石、西明石、大久保、魚住、二見の五ブロックに分け、計九人の地域支援担当係長を配置

・地域支援アドバイザー（再任用制度を活用、コミセンの所長を支援する）
・市職員の意識啓発（協働のまちづくり職員研修、ファミリテイション研修、など）

コミュニティ行政を長く続けることによって、(1)の地縁型市民活動については、近隣市と比べて、自治会の加入率が八〇％とかなり高いことがあげられる。『自治会、町内会ハンドブック』（A４版五五頁建）も毎年発行し、新たに『ノウハウ集』も二〇一〇年度に刊行される。また、(2)の分野型市民活動の支援として、生涯学習センター内の「市民活動コーナー」は、多くの市民の相談に応じたり、実践活動への助成も行っている。『市民活動団体プロフィル集』（A４判二〇頁、五九団体を紹介）

(3)の協働のまちづくりは、現市長の最重点施策で、「人づくり」「安心・安心づくり」「振わいづくり」「都市基盤づくり」「地域戦略づくり」の五分野に力が入られるものであろう。

2　コミセン全体の利用状況

コミセンは前述のように、本市のまちづくり拠点として、多くの市民に利用されてきた。以下では、利用の状況を経年的に把握してみたい。

主権講座の参加者数について、講座数をみると、一九八五年のオープン以来、数年は一八〇台という数字をほぼ確保しているが、平成となる一九八九年には一六〇台に減少する。ところが一九九五～二〇〇四年までは二〇〇台に増加している。しかし二〇〇一年からは減少傾向に転じて、二〇〇五年から二〇〇台を切って、一八〇台に減少している。

一方、参加者数は、一九八五年から一九八九年までは七〇〇〇人前後であったが、一九九〇年から九〇〇〇人台を突破したり、ふたたび七〇〇〇人台に減ったりという数字になって、一九九八年は一万人近くに増えるが、二〇〇八年に五〇〇〇人台と減少している。

なんとも受講者は、増減が激しいように思う。講座数のほうが変化はゆるやかと判断できそうである。参加者の男女比は、一九八五〜二〇〇八年までそれほど大きな違いはみられない。男性二〇%台に対して女性は八〇%近い割合である。

参加者の年代について、集計してみると、一九八五年は三〇代、小学生、四〇代の順になっていたが、一九九九年には、六〇代、七〇代、小学生、二〇〇五年も六〇代、七〇代、五〇代という順で時代とともに中高年の割合が高くなっている。

次に、コミュニティセンターの利用状況について集計してみることにしたい。大別して、文化活動と体育活動に分けて、延件数と延人数をみてみたい。文化活動は、延件で一九八五〜一九八九年までは二万件を突破していた。一九九〇〜二〇〇一年まで、ほとんど一・六万件前後に落ちている。二〇〇二〜二〇〇八年まで、さらに一・四万件に減少している。

延人数は、一九八五〜一九八九年まで四〇万人台、一九九〇〜二〇〇一年までは三〇万人前後に減少し、二〇〇二〜二〇〇八年までは二二万人前後とさらに減少している。

一方、体育活動は、延件数で、一九八五〜一九八九年で七万人前後、

表3-8　主催講座の参加者数

	講座数	参加者数	男性	女性
1985年	190	7657人	26.7%	73.3%
1989	154	6990	23.0	77.0
1993	169	7958	22.8	77.2
1998	229	9897	23.9	76.1
2003	208	8520	21.4	78.6
2008	189	5723	23.7	76.3

表3-9　コミュニティセンター利用状況

	文化活動		体育活動	
	延件数	延人数	延件数	延人数
1985年	21,156	465,115	67,379	1,873,547
1989	22,368	432,376	74,044	1,798,569
1993	17,193	332,356	28,523	616,920
1998	16,835	297,055	30,914	599,435
2003	14,990	225,837	36,288	723,248
2008	14,444	230,632	43,439	789,329

表3-10　登録サークル

	サークル数	構成員数	男性	女性
1985年	1345	39,764人	41.6%	58.4%
1989	1179	28,218	37.0	63.0
1993	1104	24,440	36.3	63.7
1998	1012	20,844	34.8	65.2
2003	957	18,739	39.0	61.0
2008	537	9,589	41.6	58.4

一九九〇～二〇〇二年まで三万人前後に減少し、二〇〇三～二〇〇八年で四万人前後に増加している。延人数は、一九八五～一九八九年は、一八〇万人前後であったが、一九九〇～二〇〇二年までは六〇万人前後と大幅に減少する。二〇〇三～二〇〇八年で八〇万人前後に増加する。増減の波動は大きいように思う。

コミセンの登録サークルは、一九八五～二〇〇一年まで一貫して一〇〇〇台で、ほとんど増減がない。ひいていえば、一一〇〇程度が多かったが、一九九五年以降一〇〇〇に減少し二〇〇二年で一〇〇〇を割って二〇〇四年まで九〇〇台であったが、二〇〇五年以降さらに減少して六〇〇、五〇〇と低下している。

構成員数は、一九八五年の三・九万人は例外として一九八六～一九九一年までは二・六万人、一九九二～二〇〇一年までは、二・二万人前後だが、二〇〇二～二〇〇五年は二万人を割って一・八万人になり、二〇〇六年以降は、一万人に減少する。サークル数も構成員数も、長期にわたって、減少の一途をたどっているといえる。

サークルの男女の比率は、一九八五年（男性四一・六％、女性五八・四％）、一九八九〜二〇〇三年で、男性が三七％前後とやや減少して女性の六〇％台に増えている。

年齢では、一九八五年で小学生、中学生、三〇代という順で概して若い世代が多数を占めているが、一九九八年以降は、小学生、六〇代、五〇代の順に変わり、二〇〇八年では、六〇代、七〇代、小学生と高齢者が目立って多くなっている。

表3-11　朝霞コミセンの講座数

	講座数	参加者数	特　徴
1985年	9	486人	小学生，40代，70代
1989	8	379	70代，60代，小学生
1993	13	1046	70代，60代，30代
1998	22	680	60代，50代，70代
2003	19	560	60代，70代，50代
2008	16	377	統計なし

3　朝霞コミセンの利用実態

数多いコミセンのなかから、今回、取材に立ち合ってもらった朝霞コミセンを取り上げて、全体の傾向と個別の傾向の相異や類似についてみていくことにしたい。まず、主催講座の数字を示してみた。

講座数については、一九九三年以降二ケタの数字になった。参加者数は、ピーク時が一九九三年で一〇〇〇人を突破したが、その後減少期に入って、五〇〇人を割り込んでしまった。参加者の世代は、一九八五年が、小学生、四〇代の順で若い人が多かったが、一九八九年になると、七〇代、六〇代、小学生と高齢者が多くなる。その後は、一九九三、一九九八、二〇〇三年と、参加者は六〇代、七〇代、五〇代の順で高齢者が圧倒的に多い。

次に、コミセンの利用状況をみることにしたい。コミセンでの活動は、文化活動と体育活動に大別される。文化活動の利用状況（自主事業）は一九八五〜二〇〇八年まで、ほとんど年間で四〇〇件前後という数字で余り変化もみられない。正確にいうと、一九八五年のみが六〇〇件台とやや多い。これを除くと、長いこと変化がみえるのである。

ただ利用者数は、一九八九年の五〇〇〇人がその後、四〇〇〇人台（一九九八、二〇〇三年）になり、二〇〇八年には三六〇〇人台に落ちている。利用件数は、あまり変じないのに、人数が落ちているということは、一団体当たりの会員数が小さくなっているのであろう。近年、大きい団体よりも小さな団体のほうが好まれているためである。

文化活動のうち、小学生クラブは一九八五年では、五七七件、一・七万人が参加したが、一九八七年以降になると、活動は中止してしまう。他のコミセンは、続けているところと止めてしまうところと二通りがみられる。平成に入ってから、二〇〇八年まで、少年クラブの文化活動は行われていない。主催事業は、一九八五年で七五件、三八〇〇人の参加者を集めている。その後も、五〇〜一三〇件という主催事業数で、参加者数は三〇〇〇〜五〇〇〇人という数である。

一方、体育活動は自主事業で文化活動よりも活発で、一九八五年で一四四一件、三万人の参加者であったが、その後も、一九八九年（一一八六件、一・七万人）、一九九三年（九四八件、二万人）一九九八年（九五三件、二・八万人）二〇〇三年（一六六三件、二・八万人）二〇〇八年（一四五七件、二・四万人）という推進である。

少年クラブの活動は、一九八五年三五五七件、一二万人の利用であった。しかし、一九八六〜一九九七年までは利用者がいないという数字だったが、一九九八年からは一一件二〇〇人と復活し、二〇〇八年にも四件七三人の利用となっている。主催事業については、一九九八年三件五七人、二〇〇三年三件一二五人の利用者がみられた。

登録団体、構成員の数、一九八五〜二〇〇八年までを集計してみると表３‐12のようになる。

またサークル数については、一九九八年三八というのが極端に少ないが、それ以外は大体五〇前後ということで、年とともに増加するというわけではない。

人数については、一九八五年一六〇九人が最高値で、時代とともに減少している。構成員の世代にみる特徴は、一九八五〜一九九三年までは、小学生、三〇代、四〇代など比較的若い世代が中心になっている。

しかし、一九九八年以降は、六〇代、小学生、五〇代が構成員として多くなる。二〇〇八年になると、六〇代、七〇代、小学生と高齢者が構成員の一位、二位を占めている。サークルの高齢化が目立ってきているのが特徴である。

表3-12　サークル数と構成員数

	サークル数	構成員	特　徴
1985年	62	1609人	小，40代，30代
1989	54	1390	小，40代，20代
1993	68	1181	小，50代，30代
1998	38	751	60代，小，50代
2003	53	1026	60代，小，50代
2008	48	932	60代，70代，小

4　生涯学習への取り組み

生涯学習は、従来、教育委員会の所管であったが、二〇〇六年二月の「協働のまちづくり提言」に基づき、市長部局コミュニティ推進室に移し、小学生コミセンに職員の配置を行った。これからの生涯学習を進める指針として、二〇〇九年一〇月に『市生涯学習ビジョン―充実した人生とあかしの未来のために』を発行した。基本方針は、以下の三本柱である。

一　多様な学びの推進
社会への参画につなげる学び
地域を知り、文化を創造する学び
子どもや若者を育む学び
働くことと結びついた学び

二　学習環境の整備
生涯学習施設の充実（生涯学習センター、あかねが丘学園、コミセン、図書館、文化博物館、天文科学館、少年自然の家）
学習情報提供の充実
だれもが学べる環境づくり

三　生涯学習　支援体制の整備
生涯学習に関連する行政活動
行政における学習支援体制
（市長部局と教育委員会の連携）
市全体の学習支援ネットワークの構築

このビジョンは、一九九七年策定の『生涯学習の道しるべ』から一二年が経過し、社会も変化した

図3-3　元気高齢者いきいき活躍大作戦

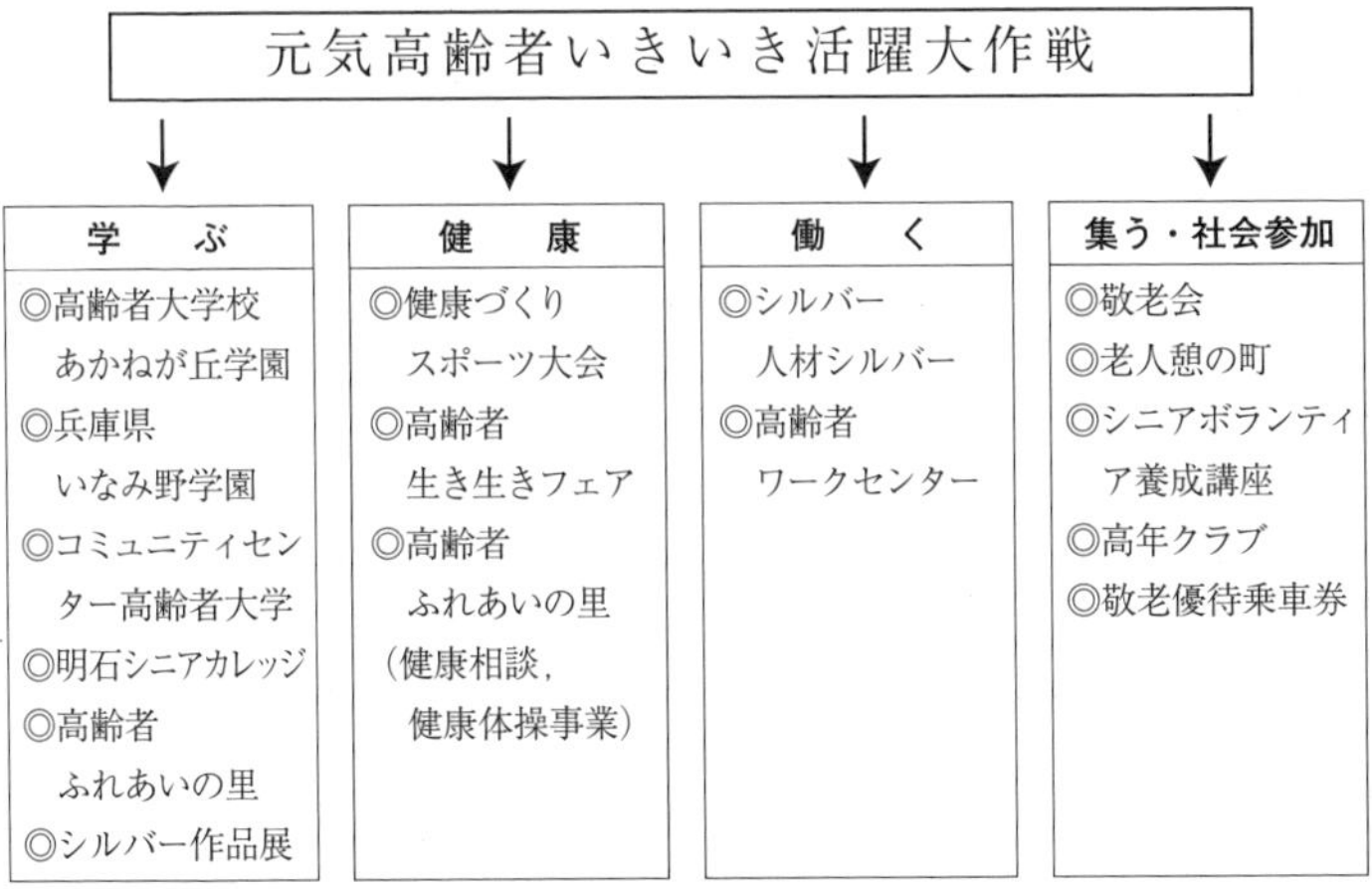

ことを受けて、第二バージョンが必要となったゆえに新たに策定されたものである。ビジョンであるので、施策や事業の内容や具体案は出ていない。それらの策定は今後の問題ということであろう。

このたびの取材では、二〇〇六年新設の生涯学習センターを訪ねることができなかった。それは、後日の取材にゆだねて、とくに高齢者の学習について実態を把握してみることにした。本市の高齢者対策は、四〇の分野で取り組まれている（市高年福祉課『シニアいきいきガイド』二〇〇六年、一頁参照）。

とくに「学ぶ」については、あかねが丘学園（大学校）、高齢者大学シニアカレッジの三本立であるのが特徴である。三層は、各々が特徴、定員、修業年限、学習内容、運営が異っていて、市民は自分の好みと目的によって選択している（市立高齢者大学校『学習カリキュラム』二〇一〇年版、二～三頁参照）。

表3-13　市の提供するプログラム

	シニアカレッジ	コミセン高齢者大学	あかねが丘学園
特徴	学習テーマの決定，グループ運営等を受講生自身が行う，主体的な学習を行う。グループで活動する人材を養成する。	市内13地域に設置し，立地を活かし，より地域密着型の仲間づくり・健康づくりをすすめ，コミュニティ育成をめざす。	午前は共通講座，午後は専攻コース，コミュニティづくりに必要な専門性と実践力をつける。
対象	①60歳以上の明石市民 ②自主的な学習活動と社会参加活動に意欲・関心のある人	①60歳以上の明石市民 ②地域で学習活動・仲間づくり・社会参加活動に意欲・関心のある人	同左
定員	165人程度 1グループ5～10人程度	1,300人程度 （市内13カ所の中学校コミセンで行い，1カ所の定員は60人から150人）	景観園芸コース　30人 生活ふくしコース　30人 ふるさとコミュニティコース　40人 音楽交流コース　25人 健康スポーツ交流コース　40人 定員　165人
学習日数	修業年限　1年 年間数回の講義と，月に2～4回程度のグループ活動（継続受講は3年まで）	修業年限　1年 年間　30日程度 （継続受講は3年まで）	修業年限　3年 1年2年とも35日 3年25日以内
学習内容・方法	受講者が学びたいテーマを選び，1年間単位で企画・運営 ボランティアの理論と実践，地域づくり，世代間交流，子育て交流，環境，福祉，男女共同参画，健康，教育，文化等	1年間単位で企画 趣味・教養のほか，地域課題の発見と解決，社会参加等につながる学習を行う	社会参加，ボランティア，まちづくり，くらし，環境など
	学習方法： 講義，ワークショップ，グループで調査・研究等	学習方法： 講義形式のほか参加型学習を一部取り入れる	学習方法： 講義，ワークショップ，自主研究，体験学習
運営	生涯学習センターが，明石シニアカレッジ運営委員会に委託 学習については，受講者が自主企画・自主運営	生涯学習センターが，コミセン運営委員会に委託 学習については，各コミセンが企画・運営	専用校舎をもつ学園が運営

5　課題と今後の対応

本市のコミュニティづくりと生涯学習の推進は、なんといっても一九七一年以降、コミセンを中核としてなされてきた。ほぼ四〇年の歴史が経過してきたわけで、それは成果として成熟、充実という面があるのは当然のこととして、制度疲労、問題点が発生することも避けられない。

短期間の取材で、この両面を明らかにすることはむずかしいことだが、気づいたことをまとめてみることにした。

一つは、利用状況について、右肩上りの時代は終わったということである。このことは、既述のように、四〇年間の数字を集計してみて詳しく述べたのでくり返さない。主催講座、登録サークル、コミセンの利用状況と三つの面から考察してみた。

その結果から判断すると、主催講座については、ピークは一九九八年あたりで、近年、受講者は減少してきている。コミセンの利用状況は、ピークは一九八九年の文化活動で、近年は、かなり減少し、最盛期の半分位の利用者に落ちている。同じように、体育活動もピークは一九八九年で、二〇〇八年でみると半減している。同じことは、登録サークルについてもいえる。

コミセンの利用率について、総じていえば、近年では、ピーク時の約半分の利用という状態である。この原因はなんなのかを考えてみると、ニーズの多様化ということが前提になっていると思われる。つまり、かつては、文化活動や体育活動をしたいと思ったら、市内にはコミセンしかなかった。選択の場所がなかったが、近年は、民間のカルチャーセンター、スポーツクラブ、高校や大学公開講座など多様化している。

市民は、コミセン以外に活動を拡大させ、コミセンの老旧化の要因になっているだろう。やはり、設備投資は厳しい財政状況であろうが更新は不可欠である。

ここで考えられるのは、老旧化対策として利用者がかかげることの提案である。現在、全国各地で、自分たちの利用している施設が使いにくくなったときに、行政に依頼して改善してもらうのではなく、自分たちの力を結集して、大工仕事やペンキぬり、家具や道具の持ち込みをすることは流行になっている。

施設の使い勝手を最も熟知しているのは利用者である。その利用者が、自分たちの使いやすいように改善していく労力を出していく。欧米では、当たり前のことがわが国でも、やっと導入されてきたということだろう。

次に高齢化の問題への対応が、ますます重要になる。本市は、昭和四〇年代、五〇年代に大阪や神戸に通勤する人たちのベットタウンとして、ニュータウン開発がさかんに行われた。そこで、旧来の住民と新住民との融和対策としてコミュニティ行政が導入された。若くして本市に移住した市民も三〇年、四〇年が過ぎて、次々と職場を転じて高齢者になった。かつてのニュータウンは、現在、オールドタウンに転じた。

したがって、本市のコミュニティ行政は高齢者に力点を入れざるを得ないと思う。市政策研究班が以下のような『高齢社会に生きる』という政策提案書を発行している（一九九七年、八〇頁）。

高齢者になるにつれて、周りの呼びかけがないと自分で動こうとする気力がなくなりがちになります。そうかといって、施設への入所を希望する人が多いとは思いません。高齢者には、家族の中で、地域の中で暮らしたいと願う一方、自ら見知らぬ人と交流するなどの、わずらわしいことは嫌がるという両面があります。ですから、地域での生活を続けたいと願う高齢者にとって、頼りになる近所の人と気軽に足を運べる場所があれば、そのジレンマは少しでも解消されるのではないでしょうか。

こうした高齢者がどんどん増えてきた時にどういう対策が必要になるか、提案書で述べられる内容を整理してみた。

① 近年、人と人との結びつきが弱まっている
② 子どもの学校行事、まつりの不活発
③ 地域の人の顔を知ること
④ 人の動きを活発化させる
⑤ 気軽に足を運び、自然なかたちで集まることのできる拠点が必要

高齢者が従来から立ち寄れる施設（老人憩いの家、老人クラブなど）は存在したが、だれでも行ける施設として、家の近くで、歩いて行ける小学校（市内に二七校）が最適で、そこで子ども、親、さまざまなボランティアなどに会える。小学校のコミセンを充実させることが高齢者対策として最も必要であろう。

第四章　地域活性化のための事業展開

一　健康生きがいづくりアドバイザーの全国大会

健康・生きがい関係財団は一九九一年に発足し、主要事業として、健康生きがいづくりアドバイザー（以下健生アドバイザーと略す）の普及を開始した。最初は財団が直接的に養成講座を開催していたが、そのうち県協議会、カルチャーセンターなどでも講座が開設されて現在二四〇〇人の有資格者が出ている。

私は、最初から研修講師を依頼されたので、教科書の執筆、フォローアップ研修などにも出席させてもらった（詳しくは拙著『住民が進める生涯学習の方策』学文社、二〇〇九年参照）。

しかし、アドバイザー全国大会へ出席することがなかった。二〇一〇年二月に第一七回大会で初参加させてもらって、本年度の厚労省の委託事業の発表会に出席することができた。そこで、大会のあらましについて報告することとした。

表4-1　健康生きがいづくりアドバイザーの認定状況

北海道	248	東京都	714	滋賀県	44	香川県	7
青森県	17	神奈川県	526	京都府	106	愛媛県	25
岩手県	22	新潟県	208	大阪府	237	高知県	25
宮城県	75	富山県	14	兵庫県	147	福岡県	97
秋田県	8	石川県	27	奈良県	90	佐賀県	0
山形県	19	福井県	9	和歌山県	45	長崎県	17
福島県	27	山梨県	55	鳥取県	14	熊本県	25
茨城県	67	長野県	133	島根県	8	大分県	6
栃木県	61	静岡県	140	岡山県	66	宮崎県	20
群馬県	37	愛知県	135	広島県	70	鹿児島県	10
埼玉県	414	岐阜県	28	山口県	47	沖縄県	18
千葉県	328	三重県	19	徳島県	18	合計	4,473

注）2009年３月現在。男性2,483名，女性1,990名
　　年齢　29歳以下（８％），30代（５％），40代（14％），50代，（39％），60代（30％），70代以上（３％）

1　大会の内容

大会は、二〇一〇年二月六日（土）に滋賀県大津市琵琶湖上の客船ビアンカで開催された。開会挨拶は大谷源一常務理事でテーマは「次世代とともに、新たなアドバイザー活動に向けて」ということだった。基調講演は、本財団の理事長、東京大学高齢社会総合研究機構の辻哲夫教授が標題のタイトルで次のような内容で講演を行った。

現在、東京大学では「柏、東京大学 Aging in Place」プロジェクトに取り組んでいるが、主として、予防重視の介護システム、新予防給付と地域ケア体制を介護予防事業として研究している。とくに、病院から在宅へを合い言葉として、生活の場としてのシステムを重視して、生産の場（農業）、コミュニティ食堂など地域で暮らせる環境づくりを述べた。

高齢者はできるだけ社会との接点をもって、

働きにいったり、一緒に楽しんだり、助け合っていく温かい社会づくりをしなければならない。健生アドバイザーは、高齢社会の世話人（水先案内人）として、仲間づくり、情報づくりのお手伝いをしてほしいと訴えた。

そのためには、得意分野を活かして、世話役としての技を磨いてもらいたいともつけ加えた。生きがいは、一人称（自分だけ）、二人称（二人で）から三人称（皆と）に拡大して、「自分の専有する時間と空間」を、最大限に活用して自分らしく死ぬことが大事であると結んだ。健生アドバイザーは、これからは、収入をともなう活動、働く場づくりが大切になるとも語った。

全国研究大会は、表4－2のように、一九九四年からスタートした。はじめのうちは、会員の活動報告、部会別の研究協議などが開催された。一九九五年の第五回からはこうした事例発表、部会報告に基調講演が入れられるようになった。

会場は、第一〇回（二〇〇三年）までは、調布、府中、千葉といった東京近辺で開催されたが、一回以降は新潟、和歌山、吹田など地方都市に出かけていっての催しに変わっていった。

基調講演につづいて、二〇〇九年度の調査研究事業の委員長を務めたので、調査研究の概要を報告した。

まず、プロジェクトのねらいと主たる内容について話した。ねらいについては、団塊世代以降の社会貢献のプログラム策定であり、内容は、社会貢献活動を大別すると、経済活動と非経済活動に分けられるが、従来、健生アドバイザーは、非経済主体で活動してきたが、これからは経済活動も視野に入れることを重視した。

表4-2　全国研究大会

1	1994年３月	現状の研究，交流会研究協議		調布市
2	1995年２月	講演　生きがいのある人生の発想法	多湖輝 千葉大学名誉教授	調布市
3	1996年２月	活動事例　課題別研修		千葉市
4	1997年11月	活動事例　課題別討議		千葉市
5	1998年11月	講演　21世紀ゆとり型社会の健康生きがいづくり	大橋謙作 社会事業大学教授	府中市
6	1999年11月	講演　高齢社会における生涯学習のあり方	松村祥子 放送大学教授	府中市
7	2000年11月	講演　少子高齢社会を生き抜く知恵	四方洋 東邦大学教授	府中市
8	2001年11月	講演　21世紀高齢社会の生き方	嵯峨座晴夫 早稲田大学教授	府中市
9	2002年	講演　健康生きがいアドバイザーに期待するもの	植松紀子 「百歳万歳」編集長	千葉市
10	2003年	講演　いきいき人生のための食生活	加島長作 加島屋社長	新潟市
11	2004年	講演　生かせいのち	山本宏 和歌山県立医科大学教授	和歌山市
12	2005年	講演　薬のいらない健康法	石原結實　医博	札幌市
13	2006年	講演　愛・地球博	川村潔 元 NHK キャスター	蒲郡市
14	2007年	講演　新しい地域社会の創造	大下勝巳 川崎市宮前区長	横浜市
15	2008年	講演　生きがい創造と出会い	高畑敬一 NALC 代表	吹田市
16	2009年	講演　人間力・地域力アップ	浅野史郎 慶應大学教授	千葉市

健生アドバイザーは、これまで、無償のボランティア活動を主にやってきたが、団塊世代や四〇代、五〇代のメンバーも増えてきて、有償化への要望が高まっている。さらに、これを発展させて、有給スタッフ、起業、コミュニティビジネスを立ち上げることへの関心も高まってきている。

二〇〇九年の調査研究は、この新しい観点を重視するとともに、活動分野（健康、福祉、教育、文化、産業、まちづくりなど）と地域分布を勘案して各ブロック別に全国から一〇団体を選好したことを説明した。とくに発表する四事例は、キーワードとして、食、田舎、空き店舗、自然体験、エコ、起業、コミュニティビジネスなど先駆性があり、今回選ばれた。

2　二〇〇九年度試行事業の報告

基調講演の後に、二〇〇九年度の試行事業発表会があり、私もプレゼンターとなって、四団体の発表をしてもらった。

試行事業実施四団体からの発表

①　つきさむくらしネットワークの会　澁谷妙子氏

②　ＮＰＯ法人　静岡県生きがいづくり協会　佐藤清氏

③　滋賀県健康生きがいづくり協議会　山口寿津子氏

④　和歌山県健康生きがいづくりアドバイザー協議会　市野弘氏

四団体の発表の後に、参加者との意見交換を行ったが、とても時間が不足で、懇親会でこの続きをやってもらいたいと言わざるを得なかった。

以下で四事例に関する発表内容を要約した。

(1)　つきさむくらしネットワーク（札幌市）

この会は、〝隣人ネットワークで健康と豊かな暮らしづくり〟をテーマにして、二〇〇六年にスタートした。具体的活動として、以下の六本柱を行っている。

①　健康づくりサロン　月一回（第二土曜日）午後　体操、料理講習会など
②　ものづくりサロン　月二回（第三・四土曜日）午後　作ったものをフリーマーケットで販売して会の活動費にする。
③　フリーマーケット　開催年一回（九月）　参加　年三〜四回
④　コンサート開催　年一回
⑤　勉強会　毎月一回（孤立死防止、認知症防止）
⑥　つきくら便り　毎月一回

財団への要請事業は、「わが家の手わざ市」で、ねらいは地域住民の交流、生活の活性化、地域ケアのネットワークをつくる。地域住民の手わざを掘り起こし、起業の種子、を発見することにある。企画内容は、手づくり品、アイデア商品、食品の展示と販売を行い、地域住民から出店を募集した（五〇店舗）。

また、イベントとしてコンサート、相談コーナー、手づくり品の実演もしてもらった。
開催日は、一月一六日（土）午前一一時から午後四時まで。会場は月寒公民館で、来場者は六二〇

名、作品が完売した店も少なくなかった。当日は猛吹雪であったが、新聞への広報、町内会全域への回覧板（八〇町内会一一〇〇枚配布）、ポスターの掲載（区民センター、公共施設、地元協力店）など広報が成功したようである。

地域ネットワークにていては、町内会、幼稚園、児童センター、社会福祉協議会など、多くの団体、組織が協力してくれた。

来場者へのアンケートでは、「いろいろな作品があり、大変楽しかった」「作品の素晴らしさ（レベルの高さ）に驚いた」「もっとゆっくり見たかった」「今度はいつ？」「私も出店してみたい」といった意見が寄せられた。

(2)　静岡県生きがいづくり協会

この会は、一九九三年度に青少年から高齢者まで幅広い層を対象に「生きがいづくりの支援」を目的として設立された。活動内容は、以下の五本柱である。

① 福祉・生きがいづくり　課題：死の直前まで元気でいきいき、人生を自分の脚本で自ら演出・演じる。

② 生きる力の養育　課題：命を尊び、人を大切にする心、感性と人間力を育む。

③ 地域づくり　課題：誰もが参画でき、楽しめる地域づくり。

④ 余暇活動の推進　課題：定年後の余暇活動、余暇能力の向上。

⑤ エコロジー社会の促進　課題：資源循環型社会の実現、環境保全活動の促進。

二〇〇九年度の申請事業は、「社会貢献型カルチャーツアーの開発」で社会貢献を目的として参加者を募集しバスを教室に見たて、講義や交流を行い、現場体験を重視するツアーの実行である。NPOと株式会社の役割は、前者が、企画・運営（精神依頼、募集）を担当し、後者が施行実施という分担である。

ツアーは、一二月二日（火）に「①不況しらずの経営と人脈まるもうけ」を実施した。これは、経営コンサルタントを講師にして、浜松市と松阪市の小企業、個人店主を訪問して、経営者の考え方や商品づくりを営んだ。もう一つの一二月六日（日）のツアーは「②めっけもん安全・安心農家収穫体験」で講師は健康食品の専門家に依頼し、三島市、伊豆市の有機栽培農家を訪問し、生産者から話しを聞き体験を通して食の選び方を学んだ。

両ツアーとも定員二〇名に対して、バス満席の二三名であった。①のツアーの結果について、満足度は、九二％に達した。②も九一％と高く、次回も参加するかの答えは、両者とも七八％とすこぶる高くなっている。今後の展望として、収入を得るから社会貢献活動につなげていくことは可能ということがわかった。だが、NPOと会社をコーディネートする人材を育てないと継続はできないと見えたし、企画運営に時間とエネルギーがかかるから、割高ツアーになる。この点をどうするかが問題であろう。

(3)　堅田おしゃべり会

この会は、滋賀県健康生きがいづくり協議会を母体として、数年前に、男性二名女性五名で、地域的にも長浜（北部）、草津（南部）、大津（湖西）とほぼ全域からメンバーが選ばれた。メンバーの経歴は、保育士、幼稚園教諭、ヘルパー、レクインストラクター、歴史研究家、ハーモニカ愛好家、ヨシ笛愛好家など多彩である。堅田おしゃべり会、市町村の社会福祉協議会とも連携した。

プロジェクトネーム〝生きがい一座〟は、対象事業として以下の活動を行った。

・一二月一六日　ふれあいサロンクリスマス会　大津市堅田市民センター、住民六八名

・一二月二三日、一月二三日　シニアサロン　南草津マンション、在住一八名

・一月二七日　ほのぼのサークル　草津市支那中町自治会館、八〇歳以上高齢者二五名

・一一月、一二月、一月　生きがい一座活動ぐらんし一る近江神宮（有料ホーム）、居住者一二名

・一二月、一月　生きがい一座活動　ハーネスト唐崎、居住者一〇名

これらの事業が終了しての評価として、以下のまとめがなされた。

・地域サロン　生きがい一座の活動は、従来の地域サロン活動よりも一ランク上の内容と評価され、講師料をもらった。少しとも交通費は出た。

・有料老人ホームの場合、回数を重ねるごとに参加者の表情がいきいきとしてきた。おしゃべりもするようになり、次回を楽しみにしている状況がわかった。

・対象者が参加できるメニューづくりが必要と思った。

今後の課題として、「地域サロン」の場合は、地域の社会福祉協議会と連携して、建生協議会が組織加盟して、有償ボランティア普及（交通費と最低労働賃金）に寄与する。「有料老人ホームの場合」も経営者に経費のねん出について理解を促し、将来サロン、おしゃべり会の公的補助金が出るように

してもらいたい。

(4)　健康生きがいづくり一座

旧花岡村（人口四五〇人）は、和歌山県伊都郡かつらぎ市（高野山麓）に所在する。この村の中学を使って県協議会は「福祉コミュニティ」を開設した。中学校の校舎を改造して、宿泊室二〇室をつくり、三反の農地も確保して、年間をとおして、都市住民を受け入れている。

二〇〇九年度の申請事業は、「花園の紅葉まつり―笑って楽しいシニア・チャレンジ」で、イベントの内容は以下のようになる。

・花園に伝わる古典芸能の紹介
「御田の舞」「仏の舞」「花園和太鼓」など
・健康生きがいづくり一座の公演
「南京玉すだれ」「バンド楽団歌謡ショー」
「健康レクレーション体操」
「うた体操」「バランスボール」など
・ディスコン大会「花園ディスコンカップ杯」
「家族チーム」「健生チーム」「花園チーム」の対抗
・お餅つき
「杵でのお餅つき」「おはぎ作り」など

・満天の星空を見ながら大合唱

この祭りのねらいは、「田舎の人とまちの人が一緒に楽しんでもらう」ことで、シニアチャレンジャーは、地域リーダーとして、「俺についてこい」というやり方でなく、地域住民や健生アドバイザー、特技をもつ人などの力を結集して新たな地域づくりに貢献することである。

3　四人の発表を総括する

四人の発表は、それぞれ体験に基づいたものであるので、説得力があった。一五分の持ち時間であったので、とにかく時間が不足したことは、残念なことであった。共通して質問したかったが、その時間はなかった。質問したいことは以下の項目である。

・メンバーの役割分担、人材の育成方法
・NPO法人と営利組織との協働のしくみ
・参加者のリピーターの確保
・コミュニティ・ビジネスの立ち上げ
・施設の指定管理の可能性

これらの項目についてより詳しい説明が求められる。それで、四事例に共通している事柄をまとめてみた。

① イベント志向が高い。その理由は、実践の効果が早くわかるためであろう
② 地域の推進組織のなかで健生アドバイザーが中核的役割を担っている

③　リピート効果に期待したい（恒例化が大事）

④　関係団体とのネットワーク化（他団体、関連組織と協働、特に行政、社協、企業）

最後に、本発表では、ほとんど話題にならなかったが、後継者問題と人材の育成について話した。健生アドバイザーは、一九九一年に発足しているから、すでに二〇年近くが経過している。当時、六〇代で資格を取得した人は、八〇代になっている。五〇代で取得しても、七〇代である。

これらの人たちを第一世代とするならば、団塊世代を第二世代と名づけることができる。第一世代は、無償ボランティア中心にやってきて、それが方法論と考えている人が多いだろう。職場を退職しても年金で経済生活は支障がない。しかし、第二世代は、六五歳にならないと年金は支給されない。六〇歳で退職して、五年間をどうして家計を支えるかといえば、働いて収入を得る以外に道はない。

地域活動において、無償のボランティア活動はできない。有給でなければ、かかわることができない。これからの健生アドバイザーは、この方策を摸索しなければならない。人材育成においてもこうした観点を導入しないと、アドバイザー資格を取る人がいなくなる。第一世代がこうしたことを十分に理解して、次世代の育成と役割の継承をしてもらいたいと訴えたい。

二月七日は、向上研修会（第七回）が「地域の課題は何か。地域貢献をもっと強化拡大するにはこれが必要だ」をタイトルに開催された。テーマとして、以下の五本柱が用意されている。

①　地域のニーズの理解、その活動のための仲間づくりと展開

②　コミュニティ・ビジネスの展開

地域の課題と解決方法（動き方）、収支の見通しとビジネスとしての可能性（計画性・実現性）

補助金申請の書き方とプレゼンスキル
③　自治体や関係団体との協働のすすめ方、行政の強みとアドバイザー活動の強みの活かし方
④　「助成金事業、コミュニティ・ファンド」
⑤　「情報支援・情報検索技術」

五つのテーマを掘り下げて討議するために、基調講演として、NPO法人かわさき創造プロジェクトの大下勝巳代表が「地域の再生と団塊世代への期待」を話した。分科会は、テーマA「自治体や関係団体との協議のすすめ方」（助言者・大下勝巳氏）、テーマB「コミュニティ・ビジネスの展開」（助言者・松田誠一氏）、テーマC「助成金、コミュニティ・ファンド」、テーマD「情報支援・情報検索技術」の四つのテーマが設定されて、研究協議がもたれた。

二　山口県人づくり、地域づくりフォーラムに参加して

一〇数年ぶりの二月の山口入りである。かつて県生活文化課の「余暇活用指針懇談会」があって、委員として年数回、訪問して以来のことである。この日は、「第五回人づくり、地域づくりフォーラムｉｎ山口」大会に出演するための来山である。

それにしても、一〇数年前までは、県開催で五〇〇人以上の参加者というイベントは開催されていたが、近年では、本当に少くなった。大会の要項を知って、二日間で一〇〇〇人以上の参加者が全国から来て、その運営のために一〇〇以上のボランティア（講座修了生など）がサポートする大規模さ

に驚かされた。空港からセンターへ向かって、敷地に入り、玄関から会場の研修室までどこも赤いジャンパーのボランティアとスタッフの数の多さに圧倒された。フォーラムの全体像をレポートしてみることにした。

1　これまでの経過

山口県セミナーパークは、一九九六年山口市秋穂二島という町に、研修、学習、交流、調査研究の機能をもった施設として開設された（敷地面積三〇万㎡、建築総面積三万㎡、駐車場九〇〇台、宿泊定員二〇五名）。

立地は、車で山陽新幹線新山口駅から一五分、山口宇部空港から三〇分の陶ケ岳のふもとにある。広大な敷地のなかに、たくさんの建物が点在している。スポーツゾーンには、体育館、運動広場、テニスコート、クロスカントリーコースもある。

この施設を運営するのが㈶山口県ひとづくり財団で〝二一世紀の松下村塾をめざして〟をモットーにして一九六七年設立され、二〇〇四年改組拡充をした。組織では、生涯学習センター、環境学習推進センター、自治研修部、介護実習普及センターなどがある

生涯学習センターは、二〇〇五年に、「実践に学ぶ人づくり、地域づくり」をテーマに全国の先進的な実践事例・研究成果の発表や情報交流をとおして新しい時代の地域リーダーのあり方を学ぶ生涯学習総合フォーラムを開催した。

これまでの実績を一表にまとめてみた。一回から五回まで、共通して、ビック鼎談（コーディネー

ター古市勝也九州共立大学教授）、インタービューダイヤローグ（コーディネーター三浦清一郎元九州共立大学副学長）が中心になって、毎年全国から二〇～二四の先進事例が発表されてきた。年によって、著名人の講演も行われている。例年参加者は、全国から来ていて、二日間でのべ一〇〇〇人前後が参加している。企画運営は各種講座の受講者、県内の大学生、高校生もボランティアとして実行委員会として参加している。ボランティアの数は一〇〇人以上で、規模の大きさが見てとれる。

2　ビック鼎談と事例発表

二〇〇九年のビック鼎談は、「市民と行政が協働するまちづくりのための具体的方策」をテーマに午前一〇時二〇分から一二時まで馬場裕次郎奈良女子大学事務局長、長畑實山口大学エクステンションセンター長、安藤周治ＮＰＯ法

表4-3　これまでの実績

	ビック鼎談	インタービューダイヤローグ
1回（2005年）	古市勝也（九州共立大学） ちひろ（シンガーソングライター） 佐々部清（映画監督）	三浦清一郎 正平辰男（東和大学） 広瀬隆人（宇都宮大学） 福留強（聖徳大学）
2回（2006年）	山本恒夫（八雲学園大学） 塩崎千枝子（松山東雲女子大学）	森本精造（飯塚市教育長） 山田晋（山田町教育長）
3回（2007年）	矢吹正徳（日本教育新聞） 講演　山川静夫	坂本登（常磐大学） 大久保邦子 （施設ボランティア交流会）
4回（2008年）	馬場祐次郎（国立社研） 三浦房紀（防災ネットこうべ） 講演　岩見隆夫（政治ジャーナリスト）	坂本登 若松進一（伊予市教育長） 西山香代子 （やまぐちネットエコー）

表4-4　実践事例発表

学社融合　指導助言者：森本精造（飯塚市教育委員会教育長）

①	秋田県	大仙市立神宮寺小学校　佐藤厚子	地域と共に歩む学校
②	宮崎県	NPO 法人五ケ瀬自然学校　杉田英治	放課後子どもプラン推進事業「五ケ瀬風の子自然学校」
③	山口県	防府市立佐波小学校　古谷裕之	仲間いっぱい！笑顔いっぱい！地域社会との連携
④	東京都	NPO 法人シニア SOHO 普及サロン三鷹　小澤敏男	学校支援ボランティア2000人

子育て支援　指導助言者：大島まな（九州女子短期大学准教授）

①	山口県	厚東ひだまり教室　原野清正	厚東３本の矢
②	香川県	NPO 法人わははネット　中橋恵美子	香川の子育てをもっと楽しく！
③	千葉県	我孫子市役所子ども支援課　日暮正己	一小あびっ子クラブ～地域の子どもは地域で育てる～
④	佐賀県	佐賀市立嘉瀬小学校　宮崎裕治	KSVN(嘉瀬小ボランティアネットワーク)土曜日広場

まちづくり　指導助言者：坂本登（常磐大学教授）

①	徳島県	（株）いろどり　滑川里香	高齢社会における ICT 活用の未来を上勝町に見る
②	島根県	益田市真砂地区振興センター　青戸泰寛	町の元気な地域づくり
③	島根県	隠岐郡海士町　田中伸夫	隠岐海士国のまちづくり
④	山口県	山口市仁保地域開発協議会　岡秀夫	組織活動と地域リーダーの育成

協　働　指導助言者：瀬沼克彰（桜美林大学名誉教授・NPO 法人全国生涯学習ネットワーク副会長）

①	宮城県	NPO 法人仙台夜まわりグループ　新田貴之	ホームレス自立のためのシャワー提供と就労支援事業
②	沖縄県	那覇市繁多川公民館　宇根克	行政と NPO 等との協働による公民館運営
③	山口県	山口市協働推進課　近藤義則	市民と行政が一体となった協働推進事業
④	北海道	NPO 法人交通まちづくりコンソーシアムゆうらん　松本公洋	「なまら便利なバスマップ」作成事業

健康・食育　指導助言者：古市勝也（九州共立大学教授）

①	長崎県	大地といのちの会　吉田俊道	生ゴミから元気野菜と元気人間づくり
②	山口県	萩元気食の会　岡野芳子	食を核とした元気なまちづくり
③	佐賀県	伊万里・西松浦地区農山漁村女性グループ研究会　市丸初美	「畑の中のレストラン」や「出前講座」による食と農の絆づくり
④	大阪府	NPO 法人ふれあいネットひらかた　野村由賀里	食育を通した，子どもを見守る地域づくり

団塊世代の社会参加　指導助言者：長畑実（山口大学エクステンションセンターセンター長）

①	兵庫県	宝塚市 NPO 法人いきいきシニアゼミナール　東陽子	高齢者の生涯学習と地域活動への啓発・世代間交流
②	愛知県	NPO 法人ライフステーション・あいち　藤枝静次	団塊世代の商店街周辺の地域貢献事業
③	岡山県	NPO 法人連塾　角田みどり	地域創生事業
④	山口県	岩国市地域支援ネット「かぜ」　田中時子	きらきら輝く子ども塾 in 美和

人ひろしまね理事長の三人で行われた。

午後の実践事例発表は、一時から四時四五分まで六会場で、開催された。私も「協働」の分科会の指導助言者を依頼された。発表は三〇分、会場と、質疑、助言指導は各一〇分という時間設定であったが、参加者が熱心で質問がいくらでも出てくるので、指導助言の時間をとることがむずかしかった。「協働」の分科会しか出ていないので、そちらの発表討議について述べてみることにしたい。最初の発表は仙台夜まわりグループで、二〇〇四年から一〇〇人以上いるホームレスを対象にして、夜まわり、炊き出し、衛生改善（シャワー提供）食事会、有償清掃ボランティア、簡易住宅提供などを行っている。スタートは三人であったが、ボランティアも増えてきて、二〇〇四年、NPOを取ってからは仙台市からの助成（月三回の清掃バイト）、委託（週一回のシャワー、洗濯、軽食提供）がはじまり、協働している。最大の成果は一〇年間で三〇〇人の自律者を育てたことであろう。

二人目は、「市民による公民館運営」で、ここは館長のみが市の職員で講座の企画、運営、施設の貸し出しなどの業務を委託している。受託団体は、市内の公民館等で社会教育指導員として勤務した経験者が中心になって組織したNPO法人である。

メンバーは六人（男性一、女性五）、委託費は一四九五万円、内訳は人件費一二〇〇万円、諸経費二〇〇万円である。委託のメリットについて、次のことが報告された（パワーポイントより）。

・経費等削減：人件費と定数二の削減（単純計算で約三〜四〇〇万円の削減）
・仕事意識：経験がある職員なので理解と意欲が高い（やりがいを感じて仕事をしている）
・つながり：職歴や他のNPO・市民団体との連携等から得られた広いネットワークにより、課題

や市民ニーズの把握に長けている

・自由な動き：事業実施に厳しい制限を課していないので、ＮＰＯとしての自主事業の企画運営や他団体との連携等、市職員に比べてより自由に動くことができる

今後の課題として、委託方式を総合的に検証して正しく評価していくことが必要とのことである。沖縄県内ではこうした方式が珍しいので、これからの成り行きが注目される。

三人目は、山口市の協働によるまちづくりで、二〇〇九年四月に施行された「協働のまちづくり事例」と「協働推進プラン」の報告である。なかでも旧村単位の市内二一地区にあった出張所と公民館を結合して、地域交流センターを設置し、地域の総合力を強化するために、子ども会、自治会、などさまざまな団体が連携して「地域づくり協議会」が組織され、「地域づくり計画」を策定し、センターを拠点にして活動を展開している。

この計画の推進のため、市は一カ所八五〇万円の予算を計上。地域コミュニティ支援交付金一六件、地域特別支援交付金一三件、市民活動促進事業交付金七件の支援も行った。具体的活動例として、南部の嘉川地区の清掃活動が取り上げられた。清掃をとおして、地域住民の連帯意識をもり上げようというもので、ユニフォームのぼりなども効果があったようである。「まちづくりの主役は市民」を目的に行政と市民のよき協働を求めている。

四つ目は、札幌市のバスマップ制作のＮＰＯの発表である。この団体は、公共交通の利用促進を目的に交通のバリアフリーＷｅｂ発行を行っている。二〇〇四年初版を発行し、現在四版になったが、印刷費のねん出で民間の助成団体から援助を受けている。全国的に交通問題のＮＰＯは、仙台、新潟、

岡山、広島、福井、松江、那覇などの各市にあり、先般、分担執筆して、『バスマップの底力』という本を出したとのことである。ここでの協働の相手は、行政ではなく、企業、助成団体であった。

四つの事例発表の後に質疑があって、これは、いずれも質問がたくさん出て、参加者の熱心さが伝わってきた。最後に、指導助言をしなければならない。その問答は、事例ごとに協働の視点から短く言った。

一つは、主体のＮＰＯが活動をとおして行政と接点をつくっていって、協働作業化していくことが大事だろう。ＮＰＯの力が強くなってくれば、それにふさわしい助成や支援をしてくるということである。

二つは、ＮＰＯが行政からさまざまな委託をとることである。三つの事例は、具体的にみると、清掃ボランティア、公民館、交流センターに具体化され、スタッフに採用されることで雇用をねん出をしている。

三つは、計画化の問題で、協働路線がマスタープランに入れることができる。予算も人的配置も行政から引き出し、住民主導のまちづくりができる。

3　インタビュー・ダイヤローグ

二日目の午前は、インタビュー・ダイヤローグ「地域社会の教育力を向上させるため、学校、家庭、社会教育関係団体、企業、ＮＰＯ等との連携や協働をどう進めるか」というテーマである。コーディネーターの三浦清一郎氏は、「テーマの核心は教育力の向上と連携」で、①自己アピールとキーワードの提示でこれまでの自分の活動の紹介、「連携と教育力の向上」で一番大切な課題は何かを話すことが求められた。発言時間については、「多頻度、短時間発言」の原則で一回三分以内という決まりである。㈳日本ＰＴＡ全国協議会の曽我邦彦前会長は、ＰＴＡ活動は地域の教育資源を掘り起こして、地域づくりに貢献することを説いた。㈶山口県教育会の田中淳夫専務理事は、教育のプロセスを大事にして、子どもの成長を親が教師とともに協力して歩むことをくり返して話した。ＮＰＯコミュニティ有志会の松永明子代表理事は、企業で人材研修の仕事で得た経験を話して、「山口で働く人を応援しよう」をキャッチフレーズにして、学生の就職セミナー、企業の社員研修、ニート、フリーターの若者サポートを行っている人である。

とくに、近年、社会からの要請が強いニート、フリーター対策に力を入れている。ここで大事なことは、働く力をつけることで、そのためには座学よりも、社会見学、職場体験の場に触れてもらうことを強調した。

私は、自己アピールで、これまで地域の生涯学習の活性化のために、行政と住民の協働、住民主導の進め方が重要と考えて、各地で実践をしてきたなかから、ポイントを話したいと最初に述べた。そうしたら、三浦氏から、その方法はどういうものですかという質問がとんできて、あわてて、各地で行政と住民が協働で運営してきた「生涯学習コーディネーター養成講座」がその具体例の一つと答えた。

再質問で、講座の内容と効果が問われた。とくに、効果について養成講座の修了者が毎年たまっていって、いくつかの市では、住民が主体になって、年間一〇〇講座を開催する市民大学に成長した事例もある。

もし、ニート対策を行政のみで運営したとしたら、五〇〇〇万円も税金がかかるだろう。また、市民大学の運営で住民主導であれば、受講料は住民が負担するので、行政はコーディネーターの養成講座に二〇万円ほどかかるだけである。また、ある市の場合、昨日の那覇の公民館のように、ＮＰＯに指定管理した場合、六～一〇名の雇用を創出した事例は、いくつもあると話した。

テーマの「教育力の向上」にもどると、四人の出演者は、それぞれの考えを述べたが、要は、意欲ある人、組織が、自分固有の考え方と力だけで挑むのではなく、連携したり協働することによって、持ち味を活かしながら、パワーアップすることが大事と思えた。三浦氏の司会は、まことに軽妙で、ウエットに富み、示唆的に出演者の言いたいことをずばりと単的に指摘して会場の共感を得るような演出で、九〇分はあっという間に終了した。最後に、金子みすゞ記念館の矢崎節夫館長の講演があった。

三　八潮市の生涯学習イベント

久しぶりに埼玉県八潮市（人口八万二〇〇〇人）に招かれて、生涯学習都市宣言の市を取材することができた。本市は都心から二〇キロ圏にあって、中川、綾瀬川など、五つの河川に囲まれた川の町である。二〇〇五年、つくばエクスプレスが開業するまで鉄道の駅がなく、まちづくりの核として、生涯学習をコンセプトにした。

旧知の松澤利行健康スポーツ部長に市内（東西五キロ、南北八キロ）を車で案内してもらって、市立資料館、八條図書館・公民館、生涯楽習館を訪ね、入学式が開催される、会場の八潮メセナに到着した。講演の前後に、多田重美市長にまちづくりと市民大学について、インタビューすることができた。

市長は「やしお市民大学」をまちづくりの人材育成の要として考えて、受講生のレポートにまで目を通す熱心さで本学にかかわり、新しいまちづくりに取り組んでいることを話してくれた。以下で本市の生涯学習の目玉について書いてみたい。

1　生涯学習の推進経過

本市のまちづくりの取り組みを振り返ってみると、一九九一年、埼玉県初の「生涯学習都市宣言」を特記しなければならない。さっそく取材に訪問したときに、藤波彰市長は、「わが市は、都心から二〇キロと近いのだが、鉄道が通っていないので駅がない。大型ショッピングセンターもない。とにかく核というものがない。それでまちづくりの核になるものを探していたら、『生涯学習』にたどり着いた」と語ってくれた。

核が決定すれば、市政として、どう取り組んでいくかの問題である。表4－5の取り組み過程にあるように、都市宣言を行い、専管室を設置して、特色のある事業を開発していった。とくに、「出前講座」という制度は、本市から全国に拡大したユニークな事業である。

市役所の各課の担当職員が、市民の五人以上のグループ・団体の依頼に応じて、どこへでも出講して講義するというものである。これは、その後、発展して市民協働推進課が窓口になって、民間企業、教職員、サークルも出講することになる。

二つ目の特徴は、生涯学習事業の提供は、市の直営よりも、専門の財団が担当したほうが効率的であろうと、㈶やしお生涯学習まちづくり財団を設立した。開設されたやしお生涯楽習館の運営が初仕事となった。翌年の一九九六年には、先発の市民文化会館「八潮メセナ」の管理運営も財団が受託した。

表4-5　生涯学習まちづくりの過程

1991年	7月1日　「生涯学習都市宣言」…埼玉県初の生涯学習都市宣言。 4月1日　「生涯学習都市推進室設置」…企画部内に生涯学習都市推進室を設置。あわせて，各課各施設に生涯学習推進主任を1名づつ配置。
1994年	4月　「出前講座スタート」（全国初）
1995年	3月　埼玉県知事の認可により，㈶やしお生涯学習まちづくり財団が設立。 7月1日　「やしお生涯楽習館オープン」
1996年	4月　「財団がメセナを受託」…市民文化会館「八潮メセナ」の管理運営を財団が受託。 8月　「八の字サミット開催」
2000年	4月　「八條公民館・八條図書館オープン」
2001年	11月　「エイトアリーナオープン」（鶴ヶ曽根体育館）
2003年	5月　「市民大学スタート」
2005年	8月　「つくばエクスプレス開通」
2006年	4月　「指定管理者制度導入」…財団が楽習館とメセナの指定管理者となる。
2007年	5月　「市民大学大学院スタート」
2009年	2月8日　「健康・スポーツ都市宣言」 4月　「健康スポーツ部設置」 12月　「市民ミュージカル開催」
2010年	2月　「メセナ入館200万人」 5月　「楽習館250万人」

財団の使命と基本方針は、以下のように明文化されている。

使　命

① 生涯学習によって市民活動の担い手を育成し、協働する。
② 民間の経営手法を活かした運営を行う。
③ 多様なニーズに対応した事業を展開する。

基本方針

① お客様に対して真心をもって、親切・丁寧な対応を行います。
② 安全で快適な管理を行い、お客様に愛される施設をめざします。
③ 市民団体・企業・関連施設とのネットワークを拡大し、市民活動を幅広く支援します。
④ 徹底的なコスト削減と新たな収入を確保し、自立した財団運営をめざします。
⑤ 「意識啓発事業」、「人材育成事業」、「学習機会提供事業」、「情報収集提供事業」の四本柱によって事業展開を行います。

財団の組織は、理事（一〇人）、評議員（一一人）、事務局（総務課三人、楽習館管理事業課六人、メセナ管理事業課六人）一五人体制で、事業は以下の柱がある（二〇一〇年度の本数）。

〈楽習館〉

意識啓発事業一四本（健寿のつどい、楽習館まつり）

人材育成事業二四本（まちづくりセミナー、自主上演朗読劇「平和について考えよう」ミュージックフェスティバル）

学習機会提供事業一六本（初歩のパワーポイント、素人中国語講座、夏休み宿題作戦）
情報収集提供事業七本（マイパートナーの発行、市民ガイドサロン）
施設内容は、多目的ホール（一四六席）、軽運動室、展示コーナー、交流活動室、映像ホール（七四席）、セミナー室（四室）、陶芸、工作、絵画、音楽、情報プラザ、交流サロンなど、四四一六㎡の施設である。

八潮メセナは、文化会館と勤労福祉センターの機能をもち、意識啓発事業（音楽のまちづくりーピアノコンサート）、人材育成（市民ミュージカル、新人オーディション）、学習機会提供（体験講座）、情報収集提供（ほわいえ発行、ホームページ）などを行っている。利用状況については、事業参加人数が、一九九八年（一・三万人）、二〇〇八年（五一八〇人）、メセナ利用者が一一万人から一〇万人に落ちている。これは、なんとかしないといけないだろう。

2　市民大学、大学院の運営

本大学の目的について、市は二〇〇三年に、市民と協働してまちづくりを進めるため、「協働の担い手作り」を担う機関として設立した。また、二〇〇七年に市民大学の卒業生を対象として、「地域リーダー」の育成を目的として大学院を開設した。

「運営要綱」によると、大学は二年制で、一年は三〇回、二年二五回。四月のスタートで三月に修了。授業料は年間一万円。学長は市長、副学長は教育長と決まっている。カリキュラムの特徴は、単なる講義だけではなく、定員三〇名を班別編成して、市の関連各課の幹部がアドバイザーとなって、自主研究を重視している。

講師についても、一年目三〇回のうち、市各課の幹部（部長、課長）が一三人担当している。大学教授など外部講師が一三人、自主運営四回となっている。二年目は二五回のうち、市幹部一三人、外部講師五人、自主運営六回となっている。いずれにしても、市の幹部が講義、自主研究とも、重要な役割を果たしている。

この点について、市長は、「市の幹部が市民に講義をすることは、教育訓練の場として最高で、かつ、市民サービスになる」と語ってくれた。授業構成は、「まちを知る、教養を高める、まちづくりの主役になる」で、内容は以下の項目である。

○一学年の主な授業内容

総合計画・商工業観光・ごみ問題の現状・地球環境問題・八潮の歴史・スポーツ体験・食育・情報化社会・福祉行政・暮らしの法律・地域のリーダー論・教育行政・高齢化社会の現状・副学長講和など

○二学年の主な授業内容

財政・環境・ボランティア活動・地域とコミュニティ・健康づくり・学長講和・自治基本条例・裁判員制度・男女共同参画・自主研究（テーマを決めてグループで研究する）など

授業は講義が多いが、三〇名は班別に編成されて、二年次には自主研究が重視される。宿題として、各テーマについてレポート作成も課せられる。こうした学習をとおして、最終的に自主研究発表があって、レポート提出となる。

レポートは、二〇〇九年度の場合、次の六班に所属して、自主研究をして提出し、市はA四判一〇三頁の報告書にまとめて刊行している。

一班　綾瀬川放水路八潮排水機そばに置かれている四基の石塔（五名）
二班　介護予防と介護保険の利用（五名）
三班　農業とまちづくり（生産緑地の有効活用）（五名）
四班　健康と癒しのまちへ（五名）
五班　六人の熟年学研究―熟年のこれからの生き方へ（六名）
六班　高齢社会―明るい楽しいセカンドステージ（六名）

一～六班の研究報告書を読むと、次のような特徴があり、文章は明解で、役に立つ知識や情報がたくさん入っている。

①　時間をかけて、足でよく調べている（市の管理する六つの散歩道の調査など）
②　丹念に情報網を駆使して、資料を収集している。大学生のインターネットからコピー情報を切り貼りしたものと、大いに異なる（三班、生産緑地など）
③　参考文献、資料をよく調べて、適切に活用している（一班、元禄時代の石塔）
④　自己の体験、経験を重視しているので、内容に説得力がある（二班、うつ予防の体験談など）

以上は、一つの班で一つだけの特徴をあげる書き方をしているが、実際に各班の報告書は、①～④の項目がいくつか入っていることも言及しておかなければならない。

大学院については、班別に報告書をまとめるのではなく、個人別にまとめている。二〇〇九年度は

「教育領域」で「子供の心」、「環境領域」で「下水道普及率と水洗化率および水路の現状」「家庭系ごみの減量化とリサイクル・リユースの促進化について」「ヴァージニアのゴミと江戸のリサイクル」「地震災害に強い街作り」の五人が報告書を書いて、『大学院研究報告書』（Ａ四判一〇七頁）に収録されている。

「子供の心」では、子どもの母親に調査をして、近年、子どもを育てる本能が弱くなってきたことを指摘し、地域の高齢者の役割として、登下校のパトロール、話し相手になることを勧める。「下水道」の問題では、水路の汚れを市内各地を歩き発見し、写真を掲載している。「ヴァージニアのゴミ対策」は、かつて生活したことのある街の対策で学ぶことの多いことを、ゴミ減量面で指摘する。「地震」の問題は、発生のメカニズムから調べて、耐震診断まで行っている。

つぶさに読んでみると、熱心に報告書をまとめていることがわかる。これは、授業が少人数で、ゼミナール方式で進められていること、「教育領域」「環境領域」の外部講師による指導助言によるところが大きいと思える。

3　課題と今後の方向

本市の生涯学習は、これまで見てきたように、特徴は、出前講座、生涯学習の専門財団、市民大学の開催ということになる。出前講座は、一九八八年に講座数二二二、受講者数一万七二〇五人であったが、二〇〇九年、各々二八七、一万七四六〇人となっている。

出前講座は多くの市で一時期ブーム的に盛り上がって、講座数および受講者数が増加した。しかし、ブームが去るとだんだんと下火になっていった自治体が少なくない。本市は発生地であるから、そういうことはなく、現在でも活発に行われている。しかも、本市は自治体職員が講師となって市民のところに出前するだけでなく、市民グループ、民間企業、教員が講師で出て行くことを、所管の市民協働推進課がプロモートしている。これは高く評価できる。今後もさらに発展させてほしいと思う。

次に、生涯学習まちづくり財団についてみると、一九九五年の設立以来、一四年が経過した。いずれの自治体も市民の要望を受けて、目玉行政というものが時代の風向きによって、大きく変わること避けられないことである。全国で生涯学習都市宣言をした自治体が、目玉行政を他の分野に移していって、生涯学習の火は消えた。だが、本市は財団を開設したがゆえに、当初の目的達成と主要事業は現在でも継続されている。

予算が、発足間もない一九九八年の管理運営費補助が九八〇〇万円で二〇〇八年が九二〇〇万円は、落ちていない数字と見ることができる。全国ベースで見ると、平均して毎年五％のシーリングがかかっているので、半減していることが少なくない。立派なものだと評価したい。ただ、自主事業費が二三〇〇万円から五八〇万円に落ちているのは、なんとかしなければならないと思う。市民力でカバーする方法がある。

市民大学は、多田市長にインタビューしたところ、まちづくりのリ

表4-6　出前講座の実施状況（2009年度）

	件数	人数
市民編・サークル編・子ども編	37	1,422
民間企業編	13	847
公共機関・公益企業編	13	630
教職員編	5	207
行政編・行政ダイジェスト編	219	14,354
合計	287	17,460

ーダー育成として特別に重視していると話してくれた。修了生は、市内の団体や町会、自治会、老人会でリーダー役として活躍しているほかに、市政の審議会や委員会に公募や自薦で積極的に出てきて、学習成果を生かして前向きで建設的に発言するので、市民に評価されているということである。

これは、まさに学習成果であると思われる。修了生で最も熱心な人は、各種のボランティアとして、団体活動とともに、市内でも働いているようである。成果は確実に出てきている。

ただ一つだけ難をいえば、大学院への進学者が少ないことが指摘できる。そこで、学部修了しなければ大学院に進学できないということを改めて、希望者は面接をして入学してもらう。また、論文提出が大変なようなので、学部と同じようにグループで執筆してよいということにすると、入学者は増えるであろうことを提案したい。

本市の生涯学習の将来方向として、付け加えておきたいのは、生涯学習は確実に行政主導から市民主導に動いているので、従来の方策を市民主体に転換していく必要があるだろうということである。とくに、財団経営は、これまで以上に市民の知恵やエネルギーを借りて、住民主体の自主事業に力を入れて、予算をかけないで事業を推進する。これが可能となる仕組みとアイディアを、市民の活動リーダーに聞くと出てくるものである。

市民大学についても、現在、わが国には約四〇〇カ所で実施されていて、行政主体が二五〇カ所、住民主体が一五〇カ所という数である。予算額でみて、前者は一億円ぐらいかかっているものから、数百万円規模の大学が数多く存在する。

住民主体だと、自治体の予算はまったく使わないで、受益者が講師料をはじめ、運営費は分け合って開催している。この方式で二〇年以上も継続している市民大学は全国にいくつもある。一〇年以上のものは実に数多い。本市の場合は、市民の中に修了生をはじめとして、二〇年の生涯学習の推進をとおして、多彩なリーダー層が育っているので、行政と住民の協働で市民大学を運営していくとよいと思う。

たとえば、住民主導の運営委員会をつくって、企画立案、運営（とくに、会場設営）など市民にやってもらう。修了後のOB会の強化、学習内容の多様化（たとえば、まちづくり、ふるさとづくり、観光ボランティアなどのコース制の導入）も今後考えていく必要があろう。

四　長野県立科町の学び重視のまちづくり

立科町は、長野県北佐久郡に位置し、南北二六キロ、東西七キロで面積六六平方キロ、町の南にそびえる蓼科山（二五三〇メートル）を中心に白樺高原と北の農村地域から成り立っている。県生涯学習センターの研修で知り合った柳澤公彦さんに出迎えてもらって五月にJR中央線茅野駅から白樺湖、女神湖、蓼科牧場を通って、役場に入った。

小宮山和幸町長にあいさつをして、荻原邦久中央館長や担当者からまちづくりや「すずらん学校」について取材し、「地域づくり」について講演をして、地元住民にまちづくりに関して意見を聞かせてもらった。帰りは、当町のもう一つの顔である中山道の芦田宿、慶長時代に植えられた松並木などを見学して、新幹線佐久平駅に送ってもらった。ここでは、人口八〇〇〇人という町の生涯学習の取り組みをレポートしてみることにする。

1　協働のまちづくり

一九五五年に芦田村、横鳥村、三都和村の三村が合併して、立科村が発足し、一九五八年町制を施行した。町づくりは、二〇〇五年策定の『第四次長期振興計画』（目標二〇一四年）で、六本柱が立てられている。

①　美しく住みよい環境づくり
②　健康で心のかよう福祉社会づくり
③　新時代を築く人づくり
④　豊かで活力ある産業振興
⑤　伸びゆく町の基盤づくり
⑥　行財政の健全運営

生涯学習の推進のために、新時代を築く人づくりをめざして『生涯学習基本構想』が策定された。まちづくりの内容に入る前に、町の概要をみておくことにしたい。人口は、一九九五年には八七一四人であったが、二〇一〇年には八〇二五人に減少している。高齢化率は、一九九〇年二〇％であったが、二〇一〇年では二九％に増加した。

産業構造は、一九八五年と二〇〇五年を比べると、一次（三一％、二二％）、二次（三四％、三〇％）、三次（三五％、四八％）と三次産業が増えている。なかでも、昭和三〇年代に白樺湖周辺で別荘開発、ビーナスラインの一部開通など、観光業が活発した。観光客はブーム時代は、一九九〇年二三一万人がピークで、二〇〇九年には一六〇万人に落ちている。なかでもスキー客は、七四万人から三〇万人に減っている。

農業生産額は、一九九〇年の三四億円が、二〇〇二年には二八億円に、製造品出荷額は、一九九七年の一〇二億円が、二〇〇二年では八〇億円に減っている。人口減も原因となって、経済の落ち込みは厳しい状況にある。

こうした経済状況のなかで町の財政は、歳入四六億円のうち自立財源は三五%、地方交付税や国・県支出金に依存している割合は六五%である。二〇〇四年以降、国の「三位一体改革」により、交付税は二〇%削減されている。町は、財政立て直しのために、経常経費の削減、退職職員の不補充などに努力している。

こうした状況の改善のために、町は、『自立計画―町民の皆さんと共に』を二〇〇五年に策定した。ここで、二〇〇〇年の「地方分権一括法」の実施にともない「地域のことは、地域自らで決定（自己決定）、その責任も自らが負う（自己責任）という」体制になった。

町は、このために、行政改革を行い基本方針として、「町民と行政による協働のまちづくり」を掲げた。町民と行政の役割分担には、次のように書かれている（一六頁）。

個人が自らできることは個人が行い、個人では不可能なことや非効率的なことを地域社会などが行い、さらに個人や地域社会ではできないことを行政が支援するといった、順に補完していく「補完性の原則」にたって役割分担を明確にしていきます。

図4-1　協働のまちづくり

住民の役割

自助

◆自分でできることは自分でしましょう。
◆家族の協力により，暮らしをよりよいものにしましょう。

（例えば）
・健康づくり
・寝たきり予防，認知症予防
・生涯学習
・自分の知識や技能を地域に活かす
・様々な分野でのボランティア活動
・ゴミの減量，資源化
・景観づくり（住宅周辺の草刈・花づくり・環境美化）　ほか

協動

◆地域・まちづくり団体・NPO・ボランティア団体他の力合わせて助け合いながら地域活動を行いましょう。
◆地域の課題は，地域の力で解決できるようにしていきましょう。

地域の役割

共助

（例えば）
・道路の除雪，清掃，路肩の草刈り
・水路の清掃，草刈等
・景観整備（草刈，支障木除去，花づくり）
・ごみの分別，リサイクル
・地域福祉活動（安否確認，生活支援等）
・区有林や耕地林等の育成
・隣近所での様々な助け合い
・消防団体等を中心とする地域ぐるみの防災活動（災害時の助け合い）
・地域ぐるみでの子育て支援活動及び青少年育成
・文書の配布，回収　ほか

協動

◆自助，共助でもできないことを行政が補完します。

（例えば）
・町全体の基礎整備（まちづくり施策を積極的に推進する）
・情報共有の仕組みづくり
・協働の共通ルールや制度の整備
・自助，共助で解決できない課題に対処
・地域や団体の活動を支援　ほか

行政の役割

公助

資料出所：立科町『自立計画——町民の皆さんと共に』17頁，2005年

こうした考え方に基づいて、自助、共助、公助がわかりやすく図解化されているので、引用させてもらった（一七頁）。

これを実現するために、役場職員の意識改革（企画立案能力の向上、コスト意識をもつ、顧客第一主義、職員業務改善提案制度、職員の能力を適切に評価する制度など）を求めている（同書一三頁）。役場改革として九課二〇係を四課一〇係に再編するとともに、職員給与を削減し、職員定数を九〇人にする。

町民に対しては、「集落懇談会」「出前講座」「アイデアBOXの活用」などが提案されている。協働のまちづくりを推進していくためには、行政職員の改革は当然であるが、もう一方の担い手である町民の意識改革と行動をどうするかが問われる。これを成し遂げるには、生涯学習という手法がある。子どもから高齢者に至るすべてのライフステージで自己研鑽して能力開発をする人を増やすこと、人材を登録すること、出番を用意することが必要になる。

2　人材育成のための「すずらん学級」

協働のまちづくりのために、人材育成がきわめて大事になってくる。そこで、人材育成は、どうなっているかを確かめてみることにしたい。学校教育については、小学校は二〇一〇年一四学級、四一〇人（二〇〇〇年は、一八学級、一五二九人）、中学校は、九学校二五六人（二〇〇〇年は一一学級、三〇五人）とも児童・生徒数は減少している。児童・生徒の将来生きていく基礎としての学力を身につけることが重要である。

社会教育については、主な施設として中央公民館（一九七九年開設）、児童館（一九九八年開設）、ふるさと交流館（二〇〇四年、別名、芦田宿）、青少年交流館がある。これらの施設を使って、学習機会提供として、以下のプログラムがある。

家庭教育（子育てしつけ講座、講和、年三回）、女性学習会（町内各地区）、青少年教育（こども講座、年一〇回）、スキー教室三日間、少年スポーツ大会、成人・中高年教育（たてしな探検隊すずらん学級、年二三回）、英会話教室、パソコン教室、スポーツ教室、ハイキング大会、歩け歩け大会

これらのなかで本町の目玉事業は、「すずらん学級」ということになる。この学級は、町合併五五周年の記念事業として、「町民相互の交流、人財の発掘、育成、郷土愛の醸成、地域の活力など」の実現をめざして開設された。そのために、単なる学習講座で終わらせないで、世代間の交流、企画から運営まで町民参加型の方式が採用されている。

内容は、二〇〇八、二〇〇九、二〇一〇年の三カ年を比較してみた。まずタイトルは、ふるさと発見、元気づくり支援、合併五〇周年記念となっていて、全体の回数は、一九、一七、二二回である。開催日は、四月スタートで三月に終了、五月から一〇月までは月二回、冬の一一月から三月までは二〇〇八、二〇〇九年とも月一回であったが二〇一〇年度は、二月と三月が二回の開催となっている。

さて、カリキュラムの内容であるが、二〇〇八、二〇〇九年は、大体において同じ内容で、町民の交流、楽しみを目的とした映画鑑賞（三回）、スポーツ健康教室（五回）、県外研修（一泊二日）が合計で九回で、大体半分の回数をしめている。次に、地域を知るという内容が自然観察（二回）、歴史

表4-7　2010年度合併55周年記念事業「55th たてしな探検隊・すずらん学級」運営計画

開催日		曜日	項目	講師・協力団体等
4月	27日	火	学級運営委員会	運営委員（公募）
5月	18日	火	第1回 開講式・記念講演	講師：桜美林大学名誉教授　瀬沼克彰氏 演題：地域づくりへ参加しよう！
	25日	火	第2回 春の映画鑑賞会	文化・芸術鑑賞 タイトル：最後の早慶戦
6月	4日	金	第3回 ふれあいゲートボール教室	協力：ゲートボール連盟
	15日	火	第4回 地域（昔の町）を語る座談会	
7月	13日	火	第5回 夏の映画鑑賞会	文化・芸術鑑賞 タイトル：サマーウォーズ
	25日	日	第6回 体力維持向上教室	講師：山岳ガイド・看護師
8月	3日	火	第7回 郷土史学習講座(津金寺誌と文化財)	講師：津金寺誌編者　桜井松夫氏
	10日	火	第8回 郷土史学習講座(昔話と心理学)	講師：聖路加看護大学　廣瀬清人氏
	17日	火	第9回 郷土史学習講座(西行と蓼科山)	講師：上智大学　西澤美仁氏
	24日	火	第10回 郷土史学習講座 (蓼科地域の開発と桐陰寮)	講師：筑波大学教授
	31日	火	第11回 郷土史学習講座（考古学：雨境峠祭祀遺跡群～大庭遺跡）	講師：県文化財保護審議会委員　桐原健氏
9月	7日～ 8日	火 水	第12回 視察研修（1泊2日）	研修先：群馬県藤岡市（芦田氏）
	25日	土	第13回 歴史・自然観察教室	講師：山岳ガイド2名・看護師1名
10月	5日	火	第14回 ふれあいマレットゴルフ教室	協力：マレットゴルフクラブ
	23日	土	第15回 たてしな八景確認・選定教室	講師：文化財保護委員外
11月	9日	火	第16回 秋の映画鑑賞会	文化・芸術鑑賞 タイトル：おとうと
12月	7日	火	第17回 健康体操教室	講師：佐久平整形外科クリニック
1月	11日	火	第18回 知識習得教室	講師：健康運動指導士等
2月	8日	火	第19回 歌の教室	協力：立科コーラス
	22日	火	第20回 冬の映画鑑賞会	文化・芸術鑑賞 タイトル：剣岳
3月	8日	火	第21回 芸術鑑賞会	ピアノ演奏，学生のジャズ
	22日	火	第22回 身近な問題の学習会・閉講式	講師：信州大学教授・著名人

探訪（三回）、文化伝承（二回）、社会的必要課題（一回）などである。

二〇一〇年度については、八月の夏休みを利用して、東京在住の大学教授に出講してもらって、「郷土史学習講座」（全五回）を組み込んでいるのが目玉である。

この学級は、こうした講師の話を聞いて学習するというほかに、年間をとおして受講者主体の活動をすることが課せられている。二〇〇八年度には「立科の地名」の作成作業と歴史の道周辺の施設整備を行った。二〇〇九年度は、関連団体や周辺住民と協調し、「歴史の道」周辺の調査を行い、宿場『芦田宿』案内パンフレットを作成した。

二〇一〇年度は、「たてしな八景」の募集と認定作業に文化財保護委員らに協力する、二〇〇八年から継続している「歴史の道」（古車山道）のウォーキングコースの新設、歴史的文化遺産（大庭史跡公園）の復元の手伝いをする。町の目玉の事業であるので、参加者延べ人数が二〇〇八年七五六名、二〇〇九年九二四名は少ない。もう少し増えてもいいと思う。ＰＲに力を入れて一人でも多くの人に参加してもらいたい。

3　学び型まちづくりへの提案

さて、本町の町づくりへの提案を生涯学習とからめて行ってみたいと思う。一口に地域の活性化というが、町を元気にするには、人口の減少を止めなければならない。自然増は期待できないから、大都市から人を呼ぶ以外に方法がない。交通アクセスは長野新幹線佐久平駅から車で三〇分で町に入ることができる。

また、ＪＲ中央線茅野駅から車で四〇分で白樺高原に到着できる。別荘、ホテルに加えて、民宿、子どもたちの宿泊できる勉強もできる施設ができると、夏休みや冬休みの長期滞在が可能になる。長期滞在の人が増えることがさしづめの目標になる。豊かな大自然を求める退職者のコミュニティもつくりたいものである。

これに関連して、定住人口を増やすには、仕事がなければいけないわけで、これは、観光業の振興が切り札になる。近年、地域間競争に負けて、ピーク時と比べると、前述のように、かなり減少している。これをどう増やすかというと、さしづめ、子どもたちに来てもらうことがベターであろう。学ぶの素材は、白樺高原の大自然、牧場、スキー場、湖、など多彩に存在する。問題は、多くの人に来てもらって楽しんでもらうソフトが不足しているのである。

子どもに対しては、夏・冬の長期休暇を過ごしてもらう教育とレジャープランが必要で、小中学校、学習塾、予備校、大学生も受け入れる場とソフト開発が必要である。大人に対しては、「すずらん学級」をさらに充実させる対応がある。

二〇一〇年度は、地元の町民だけでなく、滞在客も聴講が可能な「郷土史学習講座」（全五回）が八月三日から三一日まで毎週火曜に開催される。これは、地元講師でなく、東京の大学教授を招へいしている。都会の滞在客が一カ月にわたって聴講することは不可能なので、一週間という短い期間に五回ものを済ませてしまう工夫も必要になるだろう。

こうした短期集中の講座提供について、信州は、大正時代に信濃自由大学運動が有名である。発祥は上田であるが、松本、飯田、など各地で活発化した。農村青年が中心になって、大正デモクラシーの台頭に呼応して自分たちの学びを自由大学という名称ではじめた。東京や京都の一流の学者に依頼して一週間滞在してもらって、講義を開くという形態である。

この運動は、昭和のはじめまで続くが、自然消滅してしまった。信州には、こうした伝統もあるので、「すずらん学級」が町を代表する学びの場となって、住民と観光客が同席して学び、かつ話しをして、親しい人間関係を築いてもらうことは、「また、来年も来よう」というリピーターの獲得にもなるであろう。

子どもたちに対しても、長期滞在で大自然の学習をしてもらうとともに、町のもう一つの顔である宿場町、農家の暮らし、伝統的文化に触れてもらうソフトの提供も考えられる。長期滞在のメインは、受験対策や研修など滞在者側の提供するソフトが中心になるにしても、オプションとして、地元民によるボランティアガイドが、大自然を案内し、古い民家や宿場をガイドする。

これをできる人を地元は育成しておかなければならない。かなりの部分は、現在の「すずらん学級」のカリキュラムのなかに入っている。ここで基礎は学べたにしても、都市住民に満足してもらうレベルに到着するためには、修了後に自由グループ化して、レベルアップのために、自己研修をしなければならないであろう。

また、「すずらん学級」とは別に、歴史や自然観察ガイド、農業従事者の都市住民のための農作業入門とか、野菜づくりなどの講習会も必要であろう。要は、町民が、それぞれ得意なものをもって、自己研鑽するとともに外に向って行動を起していくことが町づくりの基本になるに違いない。

第五章　地域活動を促進するために

一　エイジレス・ライフ実践者の活動

内閣府は、一九八九年、総務庁の「エイジレス・ライフ実践事例及び社会参加事例の紹介事業」を受けて、毎年継続的に選考事業を行っている。この事業の目的は、上述の二つの活動を積極的に実践する高齢者を市町村、都道府県の推薦を経て国が選考し、多くの人々の参考に供するのが目的である。一九八九～二〇〇九年までの決定状況は、「エイジレス章」八〇七人、「社会参加章」三三団体である。これまでの実績として、前者では宮崎県（三六）、山口県（二七）、福島県（二六）、東京都（二四）、兵庫県、福岡県（二三）、後者では石川県（二四）、山口県（一九）、愛媛県（一七）、大阪府、兵庫県（一五）、岩手県（一四）などが多い。私は、かなり長く委員を務めて、毎年の特徴と動向を執筆している。選考された高齢者は、今後の活動にとって参考になる点が多い。

1　二〇〇七年度エイジレス・ライフ実践者、社会参加活動事例の特徴と動向

二〇〇七年度のエイジレス・ライフ実践者と社会参加活動事例の選考をさせてもらって、全国から推薦されて選ばれた個人と団体について、前者で四七人、後者で二八団体を決定した。

毎年、選考をしていて、一年ごとに活動の規模が大きくなり、活動の水準が高くなっていることに気づかされる。

本年の各ブロック別の選考数は、以下のようになった。

	エイジレス・ライフ実践者(人)	社会参加活動事例(団体)
北海道・東北ブロック	六	二
関東・甲信越ブロック	一〇	四
東海・北陸ブロック	五	四
近畿ブロック	四	五
中国・四国ブロック	八	六
九州ブロック	八	五
高齢者関連団体	六	二

以下では、エイジレス・ライフ実践者、社会参加活動事例について、本年度の特徴や動向をとりまとめてみたい。

(1) エイジレス・ライフ実践者にみる特徴

エイジレス・ライフ実践者で選考が決まった人は、推薦者九八人のうち四七人であった。この人たちが、どのような活動をしているか集計してみた。

多くの人が、一種目だけの活動ではなく「一芸の人は多芸に通じる」の諺のごとく、複数の種目に精通している人が少なくない。

しかし、それでは集計がむずかしくなるので、ここでは主な種目一つに絞って集計した。内訳を示してみる。

① スポーツ（スキー、弓道、登山、グランドゴルフ、ゲートボール、レクリエーション体操、サッカー、剣道）
② 文化活動（陶芸、腹話術、紙芝居、絵手紙、観光ガイド、書道、太鼓）
③ ものづくり（園芸、野菜づくり、マイバック、竹細工、ひょうたん、家具、お手玉、猿面）
④ 環境（植物の剪定、植樹・緑化）
⑤ 福祉（障害者の世話、食事会、地域の清掃、非行防止、家族支援、食生活改善）
⑥ 歌、踊り（農村歌舞伎、ウクレレ、バイオリン、フォークダンス、獅子舞）
⑦ 調べもの（考古学、論文書き）

以上のように、七つの分野に分けてどのような種目に取り組んでいるかを集計してみて気づいたことをいくつか述べてみたい。

一つ目は、種目がバラエティに富んでいて、人によって皆ちがっているということである。これだけたくさんの種目が出てきているなかに、二件みられたのは、剣道、観光ガイド、お手玉の三種目だけであり、このことにやや驚かされた。とかく高齢者の活動は、パターン化していて、変化に乏しいということがいわれがちであるが、「エイジレス・ライフ実践者」に関しては、まったくそうではないことを発見した。高齢者一人ひとりが個性的に皆ちがった活動をしている。

二つ目は、活動内容をみると、現在続けている活動は、若いときから行っている仕事や趣味の延長線上の種目が選ばれている場合と高齢になってから新しくスタートしたものとに分類され、全体の四七人でみると、後者の人のほうが多いことが発見できる。

このことは、かなり重要な発見である。というのは、私はこれまで、人生の前半で習得したノウハウを後年に活かして活動を行っていくのがよいのではないかと強調してきた。

しかし、四七人の事例をみると、高齢期になって、あるいは、男性の場合、退職後にまったく新しい種目を見いだして取り組んでいけば、その後に十分に活動を楽しみ、かつ周りの人や地域の人たちに貢献することができるということを示しているからである。

三つ目は、活動の場所について、年々、場や舞台が拡大し、多様になってきているということである。

かつては、高齢者の活動というと、以前のゲートボールに代表されるように（なお、現在のゲートボールは、世代間を超えた広がりをみせている）、高齢者だけが参加して、専用の場で活動していた。しかし、本年の活動内容をつぶさに読んでみると、高齢者だけが集まって活動しているという事例は、減少してきていて、他の世代と一緒に行っているということが明らかに増えている。なかでも、子どもたちとの接触が増えている。

具体的には、スポーツ、ものづくり、環境づくり、福祉などで顕著にみられる。高齢者は、近年、情報化社会の急速な進展のなかで、自分たちが身につけてきた知識や技術が、現在の役に立たなくなってきて無用の存在とみられて、自信を失ってしまった人が多かったように思う。ところが、本事例に多くみられるように、古い知識や技術が子どもたちに新鮮に受け止められ、喜んで高齢者から教えてもらっている。それとともに、他の世代から高齢者の力を見直して、「エイジレス・ライフ実践者」からいろいろと習いたいという気持ちが強くなっているように見える。

四つ目は、数年前と比べて、近年顕著になってきているのは、高齢者の活動というと、趣味稽古ごと的な内容が多かったのだが、本年は、すでに言及したように、スポーツ、ものづくり、歌、踊りなど、身体を使って行うことが増えていることである。これは、健康の維持と増進ということが目的としてあるのであろう。とにかく、元気で長生きのためになることを一生懸命やろうという気持ちが強まっているように思う。もう一つ顕著になっていることは、他人の役に立ちたいということである。スポーツでは、後進の人や子どもたちを指導することに熱心な高齢者が増えている。同じことは、ものづくりについても、社会福祉や環境問題の解決についても当てはまる。

(2) 社会参加活動事例にみる特徴

社会参加活動事例は、七一事例の推薦があり、二八団体が選ばれた。本事業では、従来から以下の区分で分類してきたので、ここでは活動内容を紹介してみることとした。

① 健康・スポーツ

子どもの体力づくり（横浜市）、軽スポーツ講習会（奈良市）、健脚体操（小松市）の三件で数は少ない。

② 趣味

パソコン教室（※小学生に指導、尼崎市）、和紙人形（鳥取市）、芸能ボランティアとして福祉施設慰問（那覇市）。かつての時代には、高齢者の地域における活動というと大半が趣味であったが、本年はとくに数が少ないのが注目された。

③ 生産・就業

この分野は、もう少し数多く出てくることが期待されるが、高齢者家庭から依頼されて、庭木の剪定、草刈り、家屋の補修等（玖珠町）の一件だけである。

これからの厳しい経済状況を予測すると、年金のほかに収入を確保することも考えておかないといけないと思う。もう少しこの分野が出てくることが望まれる。

④ 教育・文化

歌謡練習・老人ホーム慰問（さいたま市）、色紙掛け（沼津市）、昔遊びの伝承（福井市）、絵本の読み聞かせ（長浜市）、民芸特産品（多度津町）。

この分野は、活動内容が多彩で、数も多く出てきている。

⑤ 環境改善

砕石場跡地の復活（かすみがうら市）、清掃除草・美化（三条市）、保安林を活用した竹トンボづくり・カヌー体験（周防市）、交通事故防止対策（松山市）。

⑥　福祉・保健

見守り・話し相手（加美町）、視覚障害者朗読ボランティア（横手市）、在宅介護支援（河南町）、料理会食・配食（台東区、守口市）、認知症予防（岩美町）。

⑦　地域行事・自治会

鎧兜制作で祭り参加（七尾市）、子どもの見守り隊・授業講師（高槻市）。

社会参加活動団体の活動内容を分類すると、以上のように七つの分野になる。

ここで、注目しておきたいのは、「エイジレス・ライフ実践者」と同じように趣味の分野の数が少ないことである。数年前であれば、こういうことはなかったことで、高齢者の活動は大半が趣味活動で、非趣味活動は少なかった。

もう一つ注目したいのは、生産・就業の分野である。これは、従来のように、一つだけしか事例がみられない。しかし、この活動は、これからとても大事になるだろうと指摘した。

『高齢社会白書』（平成一九年版）の事例集に大津市の「特定非営利活動法人ビジネスサポート・ネットワーク」（中小企業のサポート、若者や中高年者の就職支援等）、流山市の「特定非営利活動法人市民助け合いネット」（買い物代行、通院送迎、タンスの移動などを有償で引き受けて、収入を得る活動）の二つが取り上げられている。

『国民生活白書』（平成一六年版）にも、シニアの就業について、山梨県の身延竹炭企業組合、NPO法人シニアSOHO普及サロン・三鷹を詳しく取り上げている。

高齢者の生産・就業は、今後、行政も個人も重視していかなければならないテーマになると考える。

もう一つ、ここで忘れていけないのは、活動にともなう人数のことである。活動団体二八事例を会員の人数で集計すると、以下のような分布になった。

一〇〜二〇人　　三事例（一〇・七％）
二一〜五〇人　　一一事例（三九・三％）
五一人〜一〇〇人　一〇事例（三五・七％）
一〇〇人以上　　四事例（一四・三％）

これをみると、二〇人未満と一〇〇人以上というのは、数が少なくて、二一〜五〇人、五一〜一〇〇人の二つの割合が高いことがわかる。

これまでにも、地域で活動する団体は、二〇人以上が必要であり、それ以下で活動するのは、むずかしいと主張してきたので、この割合は、そのことを裏づけているように思えた。

また、一〇〇人以上というのも人数が多いわけだから、多ければ多いほどよいと考えられるが、決してそうではない。一〇〇人以上の会員がいても、実際に活動を引っぱっていく人は、数人になる。

それゆえに、二一以上〜一〇〇人以下というのが、理想的人数と考えてよいと思う。

高齢者の引きこもり、家庭から外に出て何かする人の割合は、ともに年々増加している。しかし、一方では、家庭から出てみたものの、新しい友人や知人をつくって活動を楽しめない人も、かなりの人数にのぼる。

掲載された社会参加活動事例は、どれをとっても、ちょっとした勇気を出してその気になれば、活動が可能となるヒントがたくさん含まれている。

2　二〇〇八年度の特徴と動向

二〇〇八年度のエイジレス・ライフ実践者および社会参加活動事例の選考が終了した。本年度は、実践者で地方自治体等から九九人、社会参加活動事例で六五団体が推薦された。選考委員会では、(ア)活動内容が人々の共感を呼ぶような事例であること、(イ)主体的に活動を継続していること、及び(ウ)一般的でないきわめて特殊な活動は除くの三つの内容に該当していることを重視して、それぞれ四八人、二八団体を選定した。

前者の具体的類型として、「推薦要領」に示された七項目を重視して選考した。

(1)　過去に培った知識や経験をいかして、それを高齢期の生活で社会に還元して活躍している。
(2)　自らの時間を活用し、近所づきあいや仲間うちなどでの支え合い活動に積極的に貢献している。
(3)　中高年から一念発起して、物事を成し遂げた。
(4)　壮年期において達成した地位や体面などにとらわれることなく、高齢期を新しい価値観で生き生きと生活している。
(5)　自らの努力、習練等により、優れた体力・気力等を維持し活躍している。
(6)　地域社会のなかで、地域住民のリーダーやコーディネーター的な役割を発揮し、生き生きと生活している。
(7)　その他、広く全国に紹介するに値すると考えられるユニークな事例である。

以下では、エイジレス・ライフ実践者と社会参加活動事例に分けて、二〇〇八年度の特徴を描いてみることにしたい。

(1) エイジレス・ライフ実践者にみる特徴

二〇〇八年度は、実践者の活動分類として、学習・社会参加が最も多くて二三人、健康・福祉が一四人、生活環境が一〇人と続いている。活動の具体的な内容では、学習・社会参加で書道四人、郷土史二人、油絵二人の三種類だけが複数で、あとは以下のように一人が圧倒的に多い結果であった（菱刺し、合唱指導、山岳ガイド、パソコン指導、秋祭りの開催、海女体験、水墨画、茶道、編物、紙芝居、工作、昔話、凧づくり・凧あげ指導、押絵指導、ボランティア活動）。

健康・福祉活動では、ウォーキング（二人）、創作ダンス、マラソン、ランニング、ハワイアンダンス、水球、卓球などスポーツ関連種目がみられ、福祉で視聴覚障害者への朗読、駅の清掃、老人介護、福祉レクサロンなど多様である。

生活環境活動では、リサイクル運動、高齢者の安否確認も含めた町内の防犯見守りが各々二人あったほかは、パソコン講座のボランティア講師、天然記念物の保護運動、慰霊碑の手入れ、簡易トイレの設置、新撰組の記念館の運営、休耕田を使った花の栽培など一人ずつみられた。これらも実に多彩で、活動をパターン化したり分類型にまとめることはむずかしく、それぞれの人が個性的に活動している。

その他の活動では、会社退職後、野菜産直所を経営しているというのが、例外的に一件あった。今後増加する活動である。

以上、学習・社会参加、健康・福祉、生活環境の三つの分野について、その種目を中心に特徴を描いてきたが、種目に関して、実践者がいかに多様に活動しているかがわかる。近年、学習分野で流行しているのは、源氏物語、ハングル語、絵手紙、陶芸などである。とても感心させられるのは、こうした流行に、入選した実践者は流されていないことである。自分の関心と好みを探して、自分に最もふさわしい種目を選んでいると思った。このことは、健康・福祉、生活環境についても当てはまる。

そこで、活動にあたって共通している特徴を述べてみる。まず、スタートでかなり多くの実践者が退職後に活動を始めている。過去に蓄積がなくても時間がたくさんできたので、はじめてみようという気持ちをもった人が意外に多かったように思う。退職前から行っていたことをそのまま継続している人も、もちろんたくさんいた。

次に共通している特徴は、活動歴が長いことである。退職後にスタートした人でも、年令が七〇代、八〇代の人が少なくないので、二〇年、三〇年の実践歴の人がたくさんいた。退職前から取り組んでいるとしたら、活動歴は当然のことだが、もっと長くなる。エイジレス・ライフの実践は、まことに時間をたくさん必要とするように思う。多くの人たちが退職したり、育児・家事から解放されて、余暇時間は、たくさんもっている。この貴重な時間を使って、自分の好きなことを実践すると楽しい体験が得られる。

三つ目の特徴は、活動は自分が楽しいから行うわけで、これが出発点になるが、自分が活動していてこんなに楽しいいし、気分がよいいし、生きがいを感じるのだから、これを周りの人にも味わってほしいとおすそ分けの心に富んでいる人が多いように思った。たとえば、山岳ガイドをしている人にしても、パソコン指導している人にしても、より高い知識と技術を身につけるために、本人は、かなりの時間とエネルギーをかけて学習した。その結果、そうしたノウハウを取得することができた。さらにそこで満足してしまわないで、周りの人や後進に教えてあげるとか、教室を開催したという人が何名も登場してきている。活動を行う楽しみや充実感は、自分だけが上達したり、進歩したことで味わうよりも、他者に喜んでもらうことのほうがはるかに大きいように思う。したがって、他者が喜んでくれたという反応が、自分に返ってきて真の満足感が得られるのだと思う。

四つ目の特徴は、エイジレス・ライフの実践は、多くの人が発表に力を入れているということである。活動を始めたころは、書道にしても、編物にしても、ダンス、卓球、水泳などスポーツにしても、習うことが中心であった。しかし、長年にわたって活動をしていると、稽古と練習だけでは満足しなくなる。次のステップとして、発表、展示、試合などに力が入っていく。

具体的にみていくと、油絵、書道、水墨画などは、展覧会に出品したり、個展を開催する人もいた。スポーツだと、ウォーキング、マラソン、水泳、卓球などは、試合に出る、全日本マスターズで入賞とか、国主催のねんりんピックに参加という人もいた。学習、スポーツなどの分野では、こうした日常活動としての稽古、練習に対しての晴れの場として、展示、演奏会、発表会、試合という形式が定着している。しかし、福祉や生活環境の分野で、晴れの場づくりが遅れているように思う。人は、発表する場がないと、その分野で長く活動していこうという意欲が持続しない。

近年、各地で晴れの場づくりとして、福祉や環境祭、フェスティバルなどイベントが活発化している。これは、まことに理にかなったことと考えられる。

(2) 社会参加活動事例にみる特徴

社会参加活動事例は、活動区分によると、エイジレス・ライフ実践者と同じように、「学習・社会参加」（一三事例）、「健康・福祉」（八事例）、「生活環境」（七事例）の三つに分けている。各々の事例として、どういうものがあるかを種目でみることにした。

「学習・社会参加」では、高齢者大学のＯＢ会（釜石市）、子どもの見守り、交通安全指導（気仙沼市）、民話を語る会（横手市）、劇団（高岡市）、子どもの指導（白山市）、ハーモニカ（鯖江市）、囲碁（芦屋市）、一人暮らし高齢者の安全（奈良市）、展示場の運営（立川市）など、バラエティーに富んでいる。

「健康・福祉」では、子育てに悩む母親の相談（むつ市）、病院ボランティア（石巻市、沼田市）、介護予防（鹿角市）、障害者施設で車椅子の介助（船橋市）、認知症予防（安曇野市）、独居老人支援活動（松山市）、福祉施設・病院の訪問（佐賀市）などが登場している。

「生活環境」では、竹炭工房（沼津市）、里山の荒廃を止める保全活動（交野市）、雑木伐採、河川清掃（平生町）、桜の植栽（神山町）、桜とアジサイを植える（対馬市）、市民花壇（荒尾市）などがある。

こうした社会参加活動事例がみられたわけだが、それでは、どのような特徴があるのであろうか。事例からいくつかの項目を抽出してみたいと思う。

表5-1　参加人数

人　数	学習・社会参加	健康・福祉	生活環境	合計
20人以下	4	0	2	6
21～50人	5	3	3	11
51～100人	1	3	1	5
101人以上	4	2	0	6
合　計	14	8	6	28

まず、活動団体が活発化し、地域に貢献したり、指導力を発揮していくためには、人、もの、金銭、情熱といった運営の四要素が重要になってきた。これは、営利団体にも当てはまるが、非営利団体にも必要な項目である。いずれの団体もこれから活発に活動してもらいたいと思うので、運営力の条件についてみていきたい。

一つは、人に関して、参加者の数が重要になってきた。そこで二八団体の人数について集計してみた（表５－１）。

全体としては、二一～五〇人が一一団体と最も多かったのだが、あとはすべての項目で五、六団体という状況である。参加人数について、人数が多いことが活発化しているというわけではない。少ない人数でも、活発な活動をしている団体もあるし、逆の場合で、老人クラブ連合会とか町会連合会のように、連合組織は、人数が大きくなる。したがって、活動人数の増加だけをめざすのではなくて、活動の質を高めることが大切になる。

次に開設年というのも、活動の質に強くかかわってくる。通常は、長く活動してきた団体が優れていて、開設されて間もない団体は、活動が安定しないし、質も低いとみられがちである。しかし、これもすべて正しいというわけにはいかない。

社会参加活動事例は、平成に入ってから数多く開設されている。昭和（五団体）に比べて、平成になってからの開設が増え（一〇団体）、とくに、この数年内の開設が目立って増えている（一二団体）。活動区分でみると、この傾向は、学習・社会参加に比べて、健康・福祉と生活環境で顕著に見られる。

さらに、団体の母体についてみると、最も多いのは、「特になし」という事例で、続いて「老人クラブ」があって、意外に思えたのは、高齢大学とか生涯学習大学という名称で、そこで学習したOBが母体になっていることである。

最後に、行政とのかかわりを集計してみると、「かかわりがある」（一七団体）と「かかわりがない」（一二団体）に分かれる。各々の数値を表にしてみた。

行政とのかかわりは、一〇年前には、ほとんどの団体が「かかわりがある」という状況であった。「かかわりがない」ということは、例外的なことである。しかし、このたびの少ない事例だが、団体の行政とのかかわりがなくなってきていたり、薄れてきていることに気がついた。これは、従来のような住民の側の行政依存体質が変わってきていることを意味している。住民は、自治意識を高め、自分たちにできることは自分たちで責任をもって行動していくということだと思う。このたびの社会参加活動事例がそういうことを物語っている。行政からの自立・住民主体は、これからの社会参加団体にとって最も重要な課題になってくることである。

3　二〇〇九年度の特徴と動向

二〇〇九年度のエイジレス・ライフ実践者および社会参加活動事例の選考は、自治体等から推薦されてきた実践者七七人、六四団体の事例のなかから、選考委員会で各々四七人、三三団体を選考した。毎年、両者とも活動の水準は高くなってきているので、委員である七人は、活動の内容を十分に吟味して、委員会では、徹底的に議論して選考にあたってきた。

ここでは、そうした議論で各委員から発言した内容を実践者と活動事例の二つの側面から総括してみたいと思う。本年度、とくに感じたのは、両者とも、長い人生で養った得意分野を育てて、創意工夫して活動しているということである。その証拠に、両者とも活動の継続している年月が、とても長期にわたっている。

活動の時期が長くなってくると、多くの人が自分だけで楽しむ利己的活動ではなく、自分の楽しみを周りの人にも分けてあげたいという利他的活動に移っていくようである。それと共通しているのは、これまでどちらかというと高齢者だけで活動をしていた人が多かったのが、最近、若い人と接触する機会を求めて異年齢の人と活動をともにすることが増えてきた。

さらに、新しい傾向として、厳しい経済状況のなかで高齢者は、社会参加活動で収入を得ることに熱心になってきている。これは新しい動きで、経済活動への支援ということも新しい課題だと考えられる。

(1)　エイジレス・ライフ実践者にみる特徴

エイジレス・ライフ実践者の活動を大別すると、「学習・社会参加」は二一人、「健康・福祉」八人、「スポーツ」九人、「生活環境」九人となった。活動の具体的内容としては、「学習・社会参加」では、郷土芸能・文化財保護三人、おもちゃづくり三人、通訳ボランティア二人、語り部二人、あとは各一人で合唱、文芸、美術、刺繍、木目込人形、読書感想文、演劇、竹細工、書道、漫談、大正琴ときわめて多彩である。

「健康・福祉」は、談笑の場づくり二人、子育てサポート、独居高齢者の見守り・手伝い、認知症家族の手伝い、青少年見守り、在宅介護支援、寝たきり防止である。

「スポーツ」については、二人の種目で、ダンス、水泳、フルマラソン、一人で軟式野球、ペタンク、オリエンテーションがある。

「生活環境」では、菊人形・菊花愛好会が二人、園芸指導・公園の草刈り、芝桜園の開放、環境問題、ごみ分別回収、観光ボランティアなどが一人となる。

「エイジレス・ライフの具体的類型」に当てはめてみると、A（一六人）、C（一〇人）、F（一〇人）がとくに多く、活動の動機として、「過去の経験をいかす」か、「過去にとらわれない」で高齢期になって新しい生き方をしていくかの選択が大切であると思われる。エイジレス・ライフの充実は、どちらかを選択して、自由時間を恵まれているので、何かを見つけて活動をしていくことが大事になる。

過去に培った知識や経験をいかして、それを高齢期の生活で社会に還元し活躍している(A)、中高年から一念発起して、物事を成し遂げた(B)、壮年期において達成した地位や体面などにとらわれることなく、高齢期を新しい価値観で生き生きと生活している(C)、自らの努力、習練等により、優れた体力・気力等を維持し活躍している(D)、地域社会の中で、地域住民のリーダーやコーディネーター的な役割を発揮し生き生きと生活している(E)、自らの時間を活用し、近所づきあいや仲間うちなどでの支え合

表5-2　実践者の年齢分布

各年齢層別割合	(2009年度)	(2008年度)
65〜69歳	2%	4%
70〜74歳	26%	19%
75〜79歳	21%	23%
80〜84歳	26%	31%
85〜89歳	15%	8%
90〜94歳	9%	8%
95〜99歳	0%	2%
100歳〜	2%	4%

い活動に積極的に貢献している(F)、その他(G)。

次に、実践者四七人の属性について特徴をみると、男性二九人、女性一八人、最高年齢者は、男性九〇歳、女性一〇一歳で、平均年齢は七九・九歳であり、七〇〜八四歳の年齢層が全体の七割以上を占めている。活動が充実したり、質を高めていくためには、いわゆる「年季をかける」ということが、とても大事なことになる。そこで、実践者はいつから活動を始めたかを分野別に集計してみた。

分野別の特徴（表5－3）をみると、「学習・社会参加」は、平成元〜一〇年が最も多く一三人、昭和は七人で、平成一一年以降は該当者なしとなっている。「健康福祉」は、三つの時期でどれが多いということはなく、分散している。「スポーツ」は、平成元〜一〇年が圧倒的に多いことが目立つ。ある意味でブームのような現象がみられたようである。「生活環境」は、昭和・平成元〜一〇年で多く開始されているが、なぜか平成一一年以降が登場してきていない。近年のエコブームが反映されるのは、少し先になるのであろうか。

本年度の目立った特徴についてまとめてみると、一つ目は、

表5-3　活動を開始した時期

	学習・社会参加	健康・福祉	生活環境	スポーツ	合　計
昭和～	7	2	5	2	16
平成元～10年	13	3	4	7	27
平成11年～現在	0	3	0	1	4
合計	20	8	9	10	47

分野に関係なく、講師とか指導者という教える人が増えている。また、これまでは多くの人が無償で教えていたが、本年度は、数は少ないが有償で受講料や月謝をもらう人も出てきた。この傾向は、退職後間もない人に顕著である。年金が満額もらえないとしたら、どこかで収入を得なければ生活できない。再就職やパート勤めもあるが、できれば長く取り組んできた趣味や好きな活動をとおして、収入があれば喜びも大きいであろう。このように考える人が増えてきているように思われる。

二つ目は、ボランティアの増加である。これも「学習・社会参加」「健康・福祉」など四分野のすべてにわたって、活動しながら自分が楽しみつつ、周囲の人や地域の人に奉仕したり、貢献する人がますます増えている。これは他の世代には見られない特徴である。

三つ目は、異世代との交流が活発になってきた。とくに、子どもの育成、学校の放課後対策などに、高齢者がどこでも気軽に参加するようになってきた。小学生の登下校の見守りも全国的に高齢者の役割となってきて、子どもと接触する機会が増えている。交流の度合いもだんだんと深まってきて、過去の経験を伝えるだけでなく、パソコンを指導したり、新しいことに挑戦している高齢者が急増している。

(2) 社会参加活動事例にみる特徴

社会参加活動事例は、大別すると、「学習・社会参加」(一二)、「健康・福祉」(一七)、「生活環境」(五)に分かれた。具体的類型を参照すると、多いのは、「支え合い活動」(一一)、「教育、文化」(六)、「福祉、保健」(五)、「健康、スポーツ」(四)などである。

以下では、具体的種目についてみていくことにした。

①支え合い活動(若者へのカウンセリング、子育て支援、高齢者の見守りなど)、②趣味(旅行、カラオケ、手芸、工芸、陶芸、俳句、囲碁、園芸など)、③健康、スポーツ(体操、ウォーキング、ハイキング、ゲートボール、水泳など)、④生産、就業(起業を含む)(高齢者が行う専門的業務、軽作業、農業、サービス業など)、⑤教育、文化(教養講座、読書会、演奏活動、子供会の育成、郷土芸能の伝承など)、⑥生活環境改善(環境美化、緑化推進、まちづくりなど)、⑦安全管理(交通安全、防犯・防災など)、⑧福祉、保健(在宅高齢者の介護・家事援助、友愛訪問、施設訪問など)、⑨地域行事、自治会(祭りなど地域の催しものの運営など)、⑩その他

「学習・社会参加」では、竹細工(磯谷郡)、伝承活動(伊達市)、人形劇(北秋田市)、郷土食(下高井郡)、郷土の歴史(白山市、周南市)、民謡の会(鳥取市)、マジック(山口市)、コーラス(萩市)、子どもの交流市(大田区)、囲碁大会(横浜市)などがある。

「健康・福祉」では、デイサービス(北津軽郡)、家事援助(船橋市)、糖尿病患者の健康づくり(南砺市)、在宅介護(大東市)、障害児の託児(山口市)、託老所(宇部市)、高齢者の見守り(府中市、美祢市、豊後大野市)、郷土食の販売(下高井郡)、ねたきり予防(北諸県郡)、一人暮らし老人昼食

表5-4　構成人員

	学習・社会参加	健康・福祉	生活環境	合計
20人以下	3	1	3	7
21～50人	5	8	1	14
51～100人	1	6	0	7
101人以上	2	2	1	5
合　計	11	17	5	33

会（北九州市）、特養ホームのボランティア（大田区）、「スポーツ」分野では、歩け運動（上北郡、さいたま市）、体育祭（金沢市）、グランドゴルフ（姫路市）がみられる。

「生活環境」では、水の森楽園（奥州市）、休耕田の活用（沼津市）、不法駐輪の自転車修復（枚方市）、衣類再生（枚方市）があります。

二〇〇八年度と同じように団体の構成人員の分布を集計してみた（表5－4）。

最も多いのは、「二一～五〇人」で一四団体、続いて「二〇人以下」と「五一～一〇〇人」が七団体、「一〇一人以上」が五団体となっている。人数が五〇人以上という団体は、老人クラブ連合会とか、いくつかの個別団体が加入した協会というものが目立っている。次に、開設年で三三団体を集計してみた。

三つの時代区分を設定してみたが、二〇〇九年度の分布は、合計でほとんど同じ数値になって差異がはっきりしない。予測では、一九九九年以降に数多くの団体が開設されていると思われたが、そういう結果にはならなかった。活動分野でみると「学習・社会参加」は、「昭和」にたくさん開設されていて、平成に入ってから開設されるものは、極端に少ないようである。それに対して、「健康・福祉」「生活環境」

表5-5　行政とのかかわり

	学習・社会参加		健康・福祉		生活環境		合　計	
行政からの活動助成・財政支援	4	1	4	6	1	1	9	8
会場、場所の支援	0	3	2	5	2	2	4	10
行政との共同実施	1	0	0	0	1	0	2	0
行政の施設管理	1	0	0	0	1	0	2	0
なし	7	7	2	6	2	2	11	15
合　計	13	11	8	17	7	5	28	33

は、平成にはいってから開設されるようになり、とくに一九九九年以降に開設が目立って多くなっているように思われる。

次に、行政とのかかわりを集計してみると、「かかわりがある」（一八団体）、「かかわりがない」（一五団体）となっている。

「かかわりがある」の内訳は、「会場、場所の支援」（一〇団体）、「行政からの活動助成・財政支援」（八団体）の二項目が多くなっている。これからのことを予測してみると、「行政からの活動助成・財政支援」というのは、年々減少していくであろう。その代わりに、現在はまだ出てきていないが、「行政との共同実施」「行政の施設管理」が増加してくることになるであろう。

住民団体は、これまで蓄積した知識や技術を活用して、住みよく、暮らしやすいまちづくり、地域づくりに取り組んでいくことが期待される。

二　シニアが地域で活躍する方法

近年、地域で活躍するシニア層が急激に増えてきている。旧世代は、職場を退職して地域に帰ってきてなすこともなく、知り合いもいなくて、家庭にとじ込もるか、近所を散歩すること位しかできない人が多かった。しかし、本人も、それでは長い晩年をとても生きられない。何か生きがいになる対象を求めて行動を開始する人が増えてきた。

地元の地方自治体は、元気な長寿者に一人でも多くなってもらうために、多様な事業を開始した。私は、自治体のこうした事業にかかわりをもたしてもらって、シニアと行動をともにしてきた。以下では、最近かかわった事業や活動の状況について書いてみた。

1　ライフワークを目指して

私のこれまで歩んできた道をふり返ってみると、東京都八王子市で生まれ育ち、学部で社会学（主として理論）を学び大学院で教育哲学、教育思想史を学び、修士論文は「K・マンハイムの教育論の研究」を書いた。主たるテーマは、「多様な環境に生まれ、育った人間が教育によって、どの様に形成されるか」ということであった（拙著『変動期の人間形成』学文社、一九八三年）。

人間形成は教育と同じように仕事（一〇万時間）によってなされるが、これからの時代は余暇（三〇万時間）によって影響を受けるほうが強くなる。そう考えて、余暇の研究にシフトしていくようになる（拙著『余暇の社会学』文和書房、一九七七年）。

一九七三～一九八八年まで㈶日本余暇文化振興会で、省庁、府県、市町村の余暇行政に関する調査委託を受けて、調査研究に従事した。それらの成果の一部は一九七五～一九八七年の拙著で発表。

昭和五〇年代の後半から人間の形成には、仕事、余暇ともに生涯学習が大切と考えるようになった

（拙著『生涯教育の研究』（全五巻）学文社、一九八一〜一九八六年）

一九八八年に旧文部省生涯学習局の新設にともない社会教育官として就任、自治体の推進体制、事業展開の指導助言を行うとともに、民間カルチャー事業、大学公開講座、外語学学校の全国組織化と業界の指導に従事した。一九九二年以降、宇都宮大学生涯学習研究センターで公開講座に従事した。

一九九七年に桜美林大学経営政策学部新設にともない、招かれて、余暇社会論、余暇政策論、生涯学習論を担当。生涯学習センター長として公開講座（年間四〇〇講座受講者三〇〇〇人）を六年間担当。二〇〇九年三月に定年退職した。

これからの仕事としては、北里大学の学芸員コースで「生涯学習論」を教える。全日本大学開教機構理事長、㈶日本生涯学習総合研究所理事として大学公開講座の調査研究とスタッフの研修に従事する。ＮＰＯ法人全国生涯学習ネットワークの副会長として全国の市民大学の指導、人材育成を行っていきたい。講演や、各種委員会、審議会委員として国、自治体、団体、企業などに出講する。

研究著作としては、住民主導、行政と住民の協働による生涯学習の推進、中高年の（シニア）自己表現、生きがいづくりの方法、欧米の余暇思想の研究を行ってきたい。これまで三〇余年一年間に二〜三冊の単著を出してきたが、今後は体力、知力の減退を考慮して、一年に一冊出せれば精一杯だろう。

社会参加活動としていくつかの学会で発表、協議、若手の育成、八王子および近隣市のご縁をもった市町での活動者とともに活動に従事し、人材育成に努めたい。

大学を定年退職するにあたって、教え子や関係団体の人が励ます会を開いてくれた。当日は自治体職員、研究者、編集者、市民大学の活動者が私の地元八王子に多数集まってくれた。何か役立つことばを残したいと思った。

(1)　随所で主となる

自分が選択してかかわった場所で一生懸命に生きる。ホームグラウンドをもつ（なるべく小さな分野に限定して出発し走りながら徐々に専門分野を拡大していく）。

(2)　他流試合の出会いのすすめ

同業の人との交際、出会いは、数多くあって、出席することによって知識を取得し、人脈をつくることができる。しかし、他分野の人と会ったり、会合に出かけることは面倒になりがちであるが、他分野の人から知る情報、知識は役に立つことが少なくない。昔の人はこれによって力を飛躍させた。

(3)　継続は力なり

なんの分野でも一つの事を成し遂げようとすると時間がかかる。入門一〇〇〇時間、中級三〇〇〇時間、上級五〇〇〇時間といってきた。必要なことは時間とエネルギーをかけることだろう。江戸時代の国学者本居宣長は学問で大事なのは能力でなくて飽きないで続けることといっている。これは学問だけでなく、広く社会活動に当てはまる。

(4)　アウトプットが必要

学問も社会参加活動も初心の間は、既存の状況や知識を自分に取り入れることが大事だが、数年経過したら、入力よりも出力に力点をおいたほうが進歩が速い。出力するには時間とエネルギーを集中させる必要がある。集中が最善の能力開発になる。アウトプットは教えることと発表することが優れた方法である。

(5)　交流、ネットワークづくり

情報と知識は人についている。インターネットの普及によって、情報と知識は居ながらにして入手できる時代になった。それは誰でも可能である。これから大事になるのは人と知り合うこと、人と会話することになる。ともすると加齢とともに引き込みがちになるが、ちょっとした勇気をもって自分から話しかけて交流を深めネットワークを拡大したい。

2　ライフワークに取り組む日々

二〇〇九年三月に、一二年間勤務した桜美林大学を定年退職して、四月一日付で名誉教授の辞令をもらった。四月以降、授業と諸会議に出る時間がなくなったのだから、ライフワークに取り組む時間が大幅に増えて能率が倍増すると喜んでいた。

しかし、現実は、三月以来のカゼで体力低下のゆえになおらなくて、仕事は思うように進まない。身体と相談しながら、机に向っている。三月二〇日に、前項の「かこむ」のスピーチで話させてもらったが、この数年かけて進めたいライフワークが三つほどある。

一つは、「住民主導、行政と住民の協働による生涯学習の推進」で、これは、一月から二月にかけて精力的に取り組み、発表の原稿の整理と書き下した原稿を加えて出版社に入稿した。四月に入って初稿のゲラ校正を行い六月には刊行された（『住民が進める生涯学習の方策』学文社、二〇〇九年）。

二つは、中高年（シニア）の自己表現、生きがい創造といったテーマであるが、現在、私が依頼される講演のなかで最も多いテーマなので、データの収集、文献の読み込みは熱心に行っているが、原稿化があまり進行していない。この数年に書いた原稿は、学文社の「二一世紀の生涯学習と余暇」シリーズの四巻『高齢余暇が地域を創る』（二〇〇六年）、五巻『進化する余暇事業の方向』（二〇〇七年）、六巻『シニア余暇の展開』（二〇〇八年）に収録したので、単行本として出せるのはかなり先になりそうである。

三つ目、「余暇の余暇思想」の研究は、私にとって、ライフワーク中のライフワークといったもので、古いところでは、二〇代に精力的に学び修士論文にも書いた内容である。三〇代に入って、理論研究では、家族を養えないので、現実の問題解決のための解答、実態調査にのり込むことになり、理論研究から離れる時間が長くつづいた。六年前から、ようやく余暇理論の研究に時間を使うことができるようになって大学の記要、日本余暇学会の年報に執筆をつづけて、書き下しを加えて『西欧余暇思想史』というタイトルで二〇〇八年世界思想社から刊行した。その後も続編を出すべくコツコツと調べては書く作業を行っている。思うように時間が取れないのが残念である。

ライフワークとして、スピーチで話した項目について、その後のことを書き加えてみたが、三月、四月で最も時間がとられているのが、全日本大学開放推進機構の理事長としての仕事である。三月下旬から四月の頭にかけて、京都、大阪、神戸の大学に七月に開催するフォーラムの講師依頼と事例研究のために出かけなければならなくなったし、大学公開講座の事例研究のために一〇大学を資料収集と取材のために歩いている。

なんとか一〇月までに、これまで書いたものを収録して一冊にまとめたいと思っていた。欲張っているように見えるかもしれないが、これまでも授業をやりながらできたことなので、授業から開放され、実現はむずかしいことではないと思うのだが、はたしてどうなることかと不安のよぎる日々を過ごしたが、幸いなことに、『第二ステージの大学公開講座』のタイトルで学文社から二〇〇九年に刊行することができた。

3　新しい会への期待　〜メンバーの数を増やしたい〜

新しい名前「さくらの森」への脱皮を評価したいと思う。人間も組織も成長・発達とともに、名称を変えたり役割も変わっていくのは世の常である。新しい会は地域住民の学習支援を中心に進めていくとのことを聞いている。まことに時を得た考え方だし、率直にいってメンバーの実力が、そこまで伸びてきたことを喜びたい。

スタートから一〇年がたってみると、メンバーの活動に紆余曲折はあるにしても順調に進んでいるように思われる。持論を述べると、生涯学習は、受身型、参加型、創造・指導型の三段階がある。多くのメンバーが、自分の得意とする一芸を柱にして、三つのステップを歩んでいる。

一芸とは、多くの人が五年一〇年と手がけて、継続的に学んできた種目である。得意種目については、同行の志も、協力者も、たくさん存在している。多くの人は一芸の人として一生を終わる。それはそれで立派なことである。これまでは、一芸をとおして人間形成をはかっていけば、それは社会的に評価され、自分も満足することができた。

学習人口が社会の成員のなかで少数の時代はそれでよかったが、現代社会は、多くの人々がいくつになっても学習を続ける必要が増した。好むと好まざるにかかわらず人々は学習を避けて通れない。社会制度の構築は、常に人々のニーズよりも遅れている。

これらのギャップを埋めるのは、隣人としての先導者である。一芸の人で満足しないで一芸を武器として、異業種の人と積極的にかかわり、情報交換をして定期的に集会をもちこれから学習をしたいという人を支援・援助していく人が求められる。従来これらの役割は行政が担わなければならなかった。自治体によって落差があったが、それなりに自治体は手を打ってきた。

ところが、近年、予算難を理由に自治体は、生涯学習から手を引かざるを得ない状況になってきている。では誰が住民の学びを支援するか、答えは住民の先導者しかいない。異業種の人が互いに啓発しあい、同業種からは得られないノウハウを取得し、グループをつくって事に当たるのが最善だと思う。

この会は、そうしたことをねらっているので、期待する点が多い。新しい会は、メンバーがＰＲに努力して、賛同する人を増やしてもらいたい。数は力ということは確かである。これはと思う人に会ったら、メンバーになってもらうとよいと思う。もう一つの注文は、教える場を増やすことである。人は教えることによって進歩する。営業努力も大切である。

4　生涯学習専門員としてのかかわり

私が東京・墨田区の生涯学習センターとかかわるきっかけは、一本の電話であった。一九九四年度にセンターをオープンさせるので専門家として相談に乗ってもらいたいという用件であった。さっそく区の担当者と会って詳しい話を聞いて、一九九三年一〇月から生涯学習専門員に委嘱された。本庁会議室でオープンまで定期的に企画、運営に関する打合せを行って、内容を決定していった。仕事の内容は多く、時間は限られているので、私一人では、とうてい手にあまるので、カルチャーセンターに勤務した経験のある永野俊雄氏、広報・編集に詳しい吉澤輝夫氏にも手伝ってもらうことにした。本センターの運営方式は、公設民営の典型で、民営のなかでも最も進んだかたちの住民主導である。全国的にも例を見ない進め方で、前例をまねるわけにはいかない。

準備段階では三人の専門員の専門は、講座企画、広報・機関紙、グループ・サークルと三分野を決めはしたが、集団指導体制で討議を行うことにした。区民の運営委員は、志願してきた人たちであるから、皆さん取り組みが熱心で、討議に熱が入り時間もかかったように思う。

一九九四年一二月、発会式は中庭で行われた。文部省（当時）からは、岡本薫生涯学習企画官があいさつに来てくれた。とにかく、もうれつに寒かった記憶が残っている。オープン後は運営が講座部会、広報部会、サークル会が、それぞれ分かれて開催されることになったので、専門員は分担し三者三様にかかわることになった。センターを動かしていく中核は、部会に移っていった。住民主導の方式は、熱心でやる気のあるボランティアが支えていると表現できる。これが、全国的に墨田方式として有名になり、各地から見学者が続出することになる。私も、著書や論文のなかで本センターのことを書くことが増えた。人は、仕事を通して成長発達するものである。三年、五年とつき合ってきて、高齢期に入ってこんなに知的に向上するものかとびっくりする人に会えて感動させられた。ありがたい経験であった。

5　地域にホームグラウンドをもとう

二〇〇八年度の八王子市高齢支援課主催のシニア元気塾（基礎講座）は、六月からスタートして一〇回にわたって開講されて八月に終了した。高齢期をいかに生きるかについて、生きがい、介護予防、笑い、認知症、美容、コミュニケーションなど基礎になる事柄を学んだ。ここで身につけた知識や技術をベースにして、自分を成長・発達させて、後進の人たちにアドバイスをしてほしいと思う。毎年修了者の作文集をつくっている。

本作文には、修了者の体験と決意表明が記されていて、まさに、ここからの出発ということが作文を読むと感じる。そこで毎年、何か一つは、出発に当ってポイントになることを書かせてもらっている。ここでは、ホームグラウンドをもつことを強調したい。ホームグラウンドとして、一つは、「八王子市高齢者活動コーディネートセンター（通称：センター元気）を核にして、情報交換をしたり、人間関係を深めるのがよい。もう一つは、自宅を拠点にして、自分の好みで何か一カ所決めるのがよいと思う。具体的に見ていくと、町会・自治会・老人会などがある。最も身近なところで修了者は期待される人だから、何か一つ役割を引き受けて役に立ってあげると、全員から大変感謝され、自分としてもやりがいを感じることができる。地域の発展線上に小学校・中学校・児童館もあって、ここでも修了者は期待されている。社会福祉関係でも人手不足で手伝ってもらえるとありがたいと希望されている。

地域貢献・社会貢献的な活動も大事であるが、若いときから勤労に従事してきた結果の余禄として人生晩年の自由時間を過ごす身分になれたのである。これまで実行したくてもできなかったことが、いくらでも実践が可能になった。趣味、スポーツ、娯楽など仲間と一緒にできるのである。

この場合も、シニア元気塾で身につけた知識や技術を活用すれば、一人でコツコツと楽しむのと違って、同好会や趣味の会、サークルに加わったり、仲間と一緒に新しいグループを立ち上げることもできる。その場がホームグラウンドになるわけである。家庭以外に拠点をもつことができると、何の活動であれ、励みになって、定期的に仲間に会うために出かけていくことになる。仲間との人間関係も深まり、人的交流ができる。

ホームグラウンドをもつメリットは、活動が目的的になるので、途中で止めることも少なくなり、進歩の度合いが大きくなり、活動の楽しみや喜びが増すことになる。まさに、生きがいが増大するに違いない。人生への積極的な取り組みは、何ごとにも変えがたく貴重だと思う。

6　地域で仲間に加入しよう

二〇〇九年度のシニア元気塾（基礎講座）は、八月四日から九月二八日まで全八回で開催され、九八名が、地域活動について理解し、活動の仕方についても学んで終了した。各自の修了にあたってのメッセージが本報告書に掲載されていて、修了生は、一緒に学んだ人がどのような考え方をもっていて、何を具体的に始めようとしているのか参考になる点が多いだろう。

そこで講師の一人として、これからの活動について忘れてはならないことを毎年、一つに絞って、アドバイスさせてもらっている。昨年は、ホームグラウンドをもつことを強調させてもらった。本年は、仲間づくりについて書かせてもらいたいと思う。

本講座をとおして、市内各地から通ってくる多くの人と知り合いになったり、新しい友だちづくりができた人も少なくなかったであろう。この仲間づくりは、本講座の主たる目的で、地域活動に関する知識を習得することとともに重要なねらいであったので、全講座をとおしてこのことは、重視された。

修了生は、実践講座が終わると「八王子市高齢者活動コーディネートセンター」に多くの人が加入し、市の用意した大横福祉センター内で、週三日、活動を続けている。これも仲間づくりの延長上にある、本市は面積が広いので、大横町に通ってくるのが大変という人は、なるべく自宅の近くで仲間に加えてもらうといいと思う。

とにかく、地域で活動するには、一人で行うのではなくて、既存の仲間に加入させてもらうのがよい。一人でやっていると、どうしても飽きたり、挫折したりして長く続かない。仲間と一緒だと、ポイントを教えてもらえたり、うまく運ばないときに適切なアドバイスがもらえて活動が長続きするのである。

仲間に入れてもらうときに、注意しなければいけないことは、自分の好きなこと、興味、関心の強い対象を選ぶことである。このことが基本にないと、少し始めてみたが、自分に合わない、それでやめるということだと、周りの人にも、入会した団体の人にも大変な迷惑をかけることになる。くれぐれも、自分のやりたいことを決めてから入会を希望してほしいものである。自分の選択した対象、活動種目が決まったら、市広報紙、新聞の都下版、ミニコミ・タウン紙などを探すと、たくさんのグループ、サークル案内が掲載されている。

記事のなかには、必らず、所在地、電話番号、連絡先、活動日時、会費など必要な情報項目が入っている。そこで大事なのは、電話をしてみることである。初心の人に聞いてみると、この最初に電話を入れることとの抵抗感が強いとほとんどの人がいう。相手は、多くの場合、会員は一人でも多く欲しいので、親切にいろいろと教えてくれて、入会を説得する。不親切な対応というのは、まずあり得ないのだが、電話が恐ろしいと多くの人はいう。だから、これが容易なことだということを教えてくれる人が身近に存在すると、怖さはなくなる。次の集まりを聞いて、会合に参加してみると、周りの人は、実に親切にいろいろと教えてくれて、なぜ、もっと早くに入会しなかったのかと思う。グループに所属すると、自分が地域で取り残された存在で、独りぼっちで孤独であったということはなくなり、多くの仲間に囲まれているという心の安心感が出てくる。

会合は、月当りで決まっているから、定期、不定期の集会、活動の日、遠くに出かけること手帳にスケジュールが埋まっていく。何の活動でも一人でやっているよりも、仲間と一緒のほうが、楽しさが倍加することはまちがいない。本講座を修了してみて、このあたりの事柄は、十分に理解してもらえるである。これからは、自分を見つめて、何かを選択し、行動するのみと述べた。長く続けていくと、グループのなかでいなくては困るリーダー層になっている。

三　地域活動を活発化させるために

地域活動を活発化させるために、どうしたらよいのか。ここでは、個人、団体、グループ、自治体など行政のその角度から考えてみることにした。まず、地域活動の主体は、個人であることは当然のことである。個人が活動をしてみようという意志がきまれば、支援組織としての団体、グループ、自治体は、アクションを起こすことはできない。

最初の大問題は、個人がどうしたら、意欲をもって、活動に入っていくかということであろう。男女とも、自分一人で気づいて活動に入っていくことはむずかしい。職場、地域社会、知人、隣人などの影響力は強く働く。活動をスタートできれば、団体、自治体が個人の活動が活性化するように、いろいろな働きかけをして、その相互作用のなかで時間が経過して活性化していくのである。

1　個人の視点

個人が地域活動に参加する第一のポイントは、活動への意欲や意志であろう。ライフステージのなかで男性は、仕事を退職後、出かける所がなくなって、毎日、家の中ばかりに滞ってはいられない。女性の場合は、子育てが一段落して、早い人は三〇代から地域活動をする人もいる。いずれにしても、意欲や意志がなければ、活動することはない。

したがって、活動を促進するためには、本人がその気にならなければ行動を起こすことにならない。最大の課題は、いつの時点で意欲をもつか、もってもらうかである。誰かが強制すべきことではない。内閣府の『高齢社会白書』（平成二一年版）を参照すると、一九九八年には、四三・七％、二〇〇八年は五九・二％と、近年、活動の割合は増加している（同書四〇頁）。

ここで大切なことは、意欲を換起することである。外からの方法としては、マスコミ、職場、自治体、家族などがあるが、男女とも半数の人は活動をすることはない。参加のステップは、まず地域のグループ団体に加入することだろう。参加すれば、団体の規模の大小はあるが、仲間、メンバーに会える。最初のうちは、会費を支払い、定期的会合に出席して、自分のできる範囲で団体に力を貸す活動が中心になるだろう。どのような団体でも、長短の歴史をもっているわけで、活動の仕事を中心的に担い、支えているリーダ層と後から加入してきた新人、中間的な存在の人と三種のメンバーが競存して活動に加わっている。

地域活動に加入して、一年が経過すると、団体の活動は大体わかる。二年次、三年次と、多くの団体が大体同じ活動をくり返していくから、どう活動したらよいかもおおよそわかる。できれば、活動者として、自分の好みや関心で役割分担を選ぶことが大切になる。団体内の役割分担については、後述したい。ここでは、個人ペースの活動にともなう課題について述べておきたい。

一つは、楽しくなければ活動をする意味がないということである。活動は、改めて確認するまでもなく、給料をもらって行っているわけではない。会費や交通費を払って金銭的には持ち出しで活動をしている。さらに、義務的行動でもない。だとしたら、活動を促すのは本人の楽しみしかない。どうしたら自分は楽しめるか、人によって皆ちがっているが、求めて当然であろう。たとえば、仲間に定期的に会えておしゃべりができる。必要な情報が入手できる。人の役に立つことがうれしい。活動の成果が得られる。健康になれる等々、メリットはたくさんある。

二つは、活動していると、スケジュールが決まって、生活に張り合いがもてるとか、月間リズムがついてくるとか、副次的な効果もある。友人との人間的な関係もより深くなって孤独でなくなるし、自分の精神的成長にも役立つことが多い。しかしその反面、小集団にともなう問題も発生することは覚悟しておかないといけない。

活動をとおして、主張や意見の相異、対立、相手の非難ということも出てくる。ビジネスの世界では当然のことだが、ボランティアの世界でも、そういうことがあるのかと疑問に思う人も少なくないだろう。ビジネスでの人間関係で苦労した人は多いから、退職後は、対立、抗争と縁のない生活をしたい。多くの人がそのように考えている。人間の世界は、とっても住みずらいということは、地域活動にも当てはまる。この世界は、給料が出ていないので、解決は容易でない問題も発生する。

そこで三点目として、一つの団体で多くの経験をして、楽しみ方のコツや手法を学んだら、それは次の団体に移ったときに、すべて活用できることを覚えてほしい。地域活動は、ビジネスの世界とは違った論理と倫理で動いているから、そのことはじっくりと体験的に身につける必要がある。それとともに、団体に所属するのに、最初は一つだけにしぼって慣れること、適応することが大事だが、自分のもっている時間と相談して、余裕があるならば、二つ目、三つ目の団体に入ることをすすめたい。

なぜならば、地域の団体は、団体によって、目的、性格、特徴、構成員などまったく異っているので、一つだけ体験してわかったと錯覚しないで、違いのなかから学びとることが多いと思うのである。くれぐれも入会した団体が自分に適さないと思えたら、円満に退会して、次を探すようにするのがよいと思う。

図5-1　学習グループ・サークルの発展プロセス

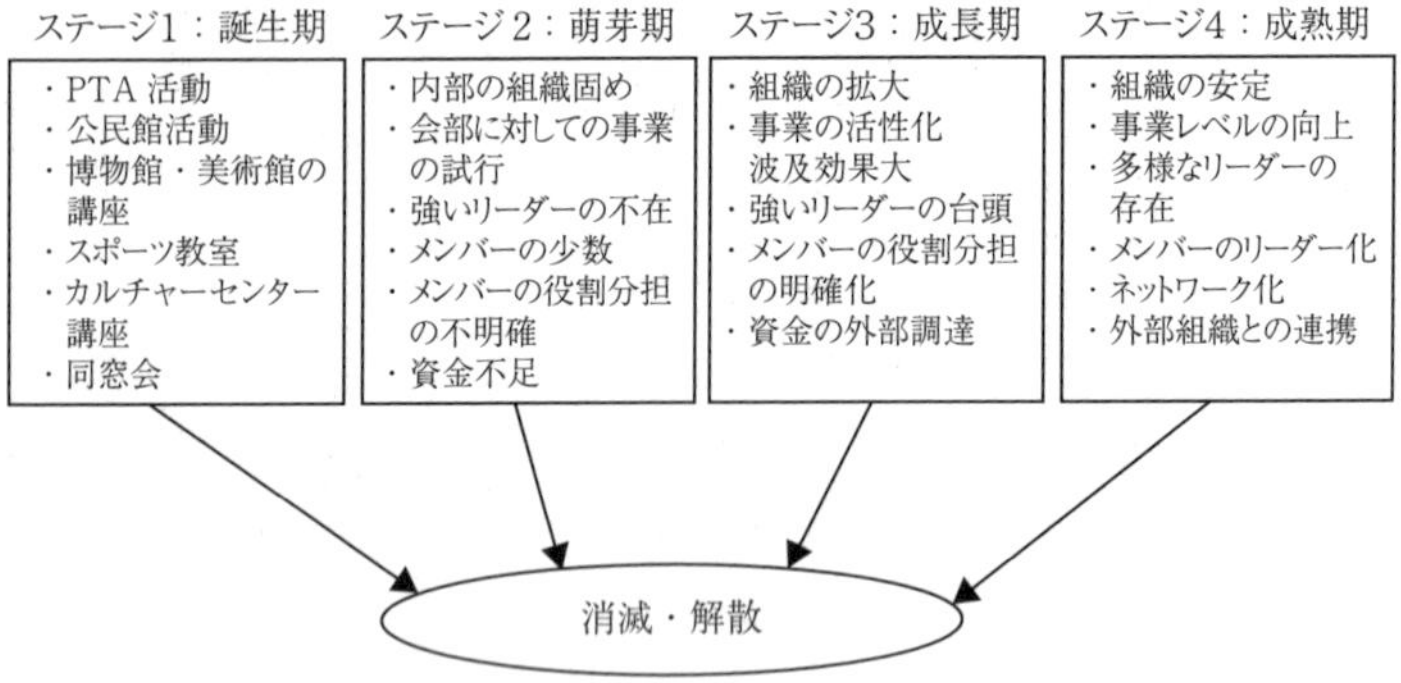

2　団体、グループとの関係

地域活動は、多くの場合団体（グループ）のなかで行われる。個人の活動が活発にしかも成果を上げて実践されるためには、所属している団体の活性化、促進ということも考えておかなければならない。発展のプロセスを考えてみると、図5－1のように図式化することができる。

発展のプロセスは、大まかにいうと四段階に分けることができてステージ1は、枠のなかに列記したように、地域で開催される講座、教室、イベントなどで簡単に生まれる。誰かが修了してこのまま分散してしまうのはさみしいからグループをつくろうというと、反対という人はまず少ないから、簡単な会則をつくって、出発ということになる。会の名称、代表者、事務体制、会費など決めてスタートする。だが、一年間が経過すると、大体半分位は、活動を止めてグループは消滅、解散する。

第二のステージは、萌芽期で試行錯誤の段階で、外部への働きかけはできないか、したとしてもきわめて弱い、内部組織は固っていないで、リーダーも育っていない。期間的にはおよそ三年位のグループである。この段階で、残った五割の団体がまた半分に減少する。

第三ステージの成長期は、スタートして四年以上九年目位と考えられる。内部の組織が固まって、弱いリーダーに代わって強いリーダー、ノウハウをもったリーダーが何人も出てきて、メンバーの役割分担も明確になってくる。このレベルまで到達すると、消滅解散する割合は、大変少なくなる。

第四ステージは、成熟期で、多様なリーダーが出てきて、メンバーのなかにリーダーが育って、外部組織とのネットワークもとれるようになる。ここまで伸びる団体はスタートした全団体の約一割という割合である。時間的に一〇年が一つの目安で、長年にわたって、各地の団体をみてきて、二〇年位で寿命が終わるものが多い。地域の住民団体は、二〇年保つのが限界というように思える。しかし、行政が支援すると、後述のように、町会、自治会、文化協会、体育協会、社会福祉協議会、ボランティア協議会など二〇年といわずに、戦後六〇年継続している団体も多いから、長く継続させるためには、行政の支援が不可欠になる。

行政の予算、職員配置には、一定の限界があるから、支援を得られる団体は少数に属し、多くの団体は支援は得られない、そこで、団体は自立して運営していかなければならない。活性化のために最も必要なことは、人づくりということである。

その第一歩は会員数であるから、団体は常に会員の補充に努力する必要がある。会員が目に見えて減少してきたら、それは危険信号と受けとめて、拡大策のための手段を講じなければならない。イベントの開催時に参加者に積極的に入会を呼びかけたり、定例会にもできたら会員外の参加も許すようにする。機関誌やインターネットのホームページなどを使って、常に入会者を受けつける。せっかく入会してくれたが、参加してよかったと喜んでもらうために少しでも数多く、イベントや講座、定例会など参加機会を増やしたいものである。

こうした活動をとおして、リーダーが育ち、次の世代に活動をつないでいく。リーダー層の引き継ぎということも、高齢化の進行とともに英断が課せられる。リーダーの後継者の引き継ぎが円滑にいかずに会を解散するケースが近年めっきり多くなっている。

3　自治体など行政の支援

近年、地域活動は一〇年前と比べると、前述の『高齢者白書』を引用したように、二倍に増えている。およそ二人に一人は、なんらかの活動を行っている。量的には、欧米の水準に達しているといえるが、問題は質が問われる。

活動の内容で分類すると、図5－2のように三層構造になっている。①は講座や教室を聞きにいく、スポーツ観戦や文化ホールに鑑賞、美術館、博物館に絵画や展示物を見にいく、自治体の対応としては、情報の提供（市広報紙、ネット、チラシ、ポスターなど）、会場の用意、事業費のねん出、職員の配置などがある。従来、①の事業に関しては、自治体がすべて担当し、住民が担当することは、足を運んで参加することが主であった。

しかし、近年、行政は予算の減少、職員定数の削減によって、住民の負担しなければならない事柄が増えている。入場料などは、無料から有料へ受益者負担の原則が増えている。また職員不足に対しては、運営の手伝いも依頼している。たとえば受付、説明要員、資料づくり、配布、など住民の力を

図5-2　地域活動の３タイプ

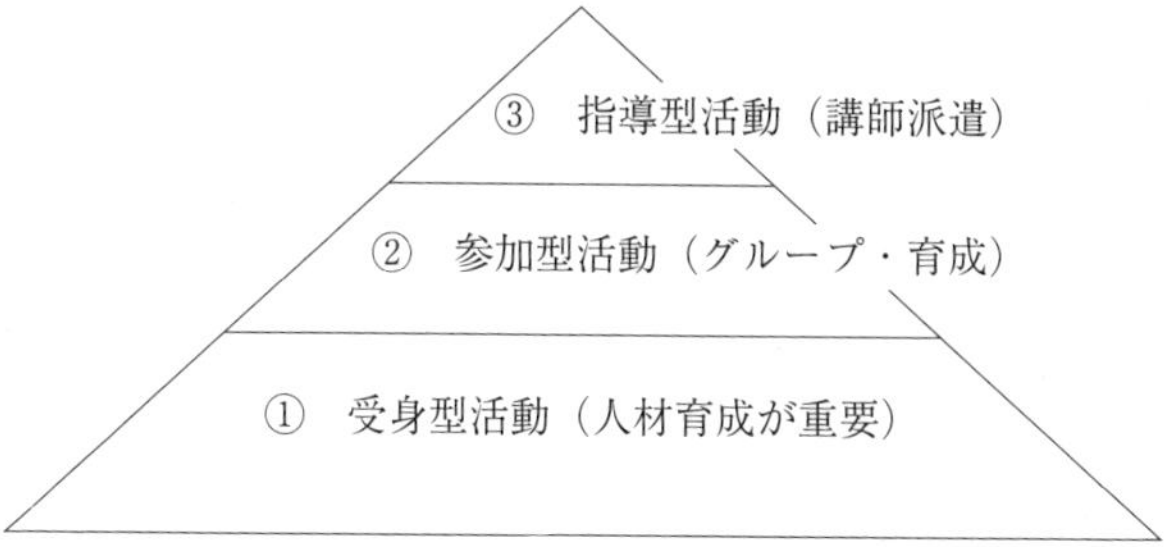

借りることが多くなっている。

②の参加型活動では、教室の受講生が終了後に自主グループをつくって、活動を開始する。①では、すべての活動で住民は受身的であったが、②になると、自分たちで受講料を出して講師を招き、グループ活動として教室の自主運営をする。

同じように、文化ホールの鑑賞のあとに会をつくって、受付を手伝ったり、資料づくりも行うという鑑賞だけでなく参加型活動に発展させていく、自治体の対応は、そのような流れを積極的に推進して鑑賞する人を増やすために住民の協力を得る。また、リピーターの確保につなげて、参加者増加対策を行い、入場料を下げるようにする。

さらに、参加型活動を促進するために、年に一回とか二回とか、芸術祭、体育祭、フェスティバルなどを開催して受身型で活動している人たちにも来てもらい、活動を深めたり、上達する支援の機会とする。

住民の活動は、さらに発展して③のレベルに到着する人も、数は少ないが出てくる。このタイプは、職業として従事している人とアマチュアとして活動している人の二タイプに分けられる。ここで論じるのは、職業としない指導者のことである。多様な地域活動のなかで、③の指導型活動をしている人は、大体一〇人に一人位とみることができる。

アマチュアのリーダーが、近年注目されている。講師謝礼、制作物の販売、指導料など有償で行う人が増えている。従来は、この活動は無償で行う人が多かった。しかし、下準備、事前の学習、常に外部組織とかかわって自己投資するためには、毎月かなりの出費をともなう。生活費を稼ぐというのではなく、指導にともなう実費は請求したほうがいいのではないかと考える人が多くなった。

この点は、講師や指導者として採用する自治体や団体側もわかってきて、授業料、指導料を徴収することを認めるようになっている。こうしたことが可能になってくると、指導活動は、より深いノウハウをもった人や経験のある人が登場することになり、指導や教授が円滑にはこぶという好循環ができるようになる。

四　余暇関連文献目録

ずいぶんと長い間、自分の研究テーマに関係する文献目録を毎年作成してきた。昭和四〇年代には余暇問題を中心に収集していたが、五〇年代になると余暇に加えて生涯学習に関係する著作を収集し、目録を作成するようになった。さらに平成に入ると、自分の高齢化とともに、高齢者問題への関心が強くなり、対象を拡げた。

二〇〇〇年になってからの目録を改めて作成しておいたほうが、後進の人たちに参考になるにちがいないと思って本章で再編成をしてみた。以下では、二〇〇八年と二〇〇九年の二年だけでも、掲載しておくことにした。

近年、活字離れは拍車がかかり、関連するデータはインターネットでいくらでも無料で入手できるようになってきている。こういう時代だからこそ専門書は、大事になってくるのだと思う。

1　二〇〇九年の余暇関連文献目録

二〇〇九年の余暇関連文献目録は、これまでと同じ五分類で目録を作成してみた。全体としてみた場合ほぼ横ばいという感じである。

	二〇〇六年	二〇〇八年	二〇〇九年
(1)　余暇関連	三二	三二	三二
（カッコ内はキーワード使用）	（二）	（五）	（一）
(2)　生涯学習	一七	一九	二二
（カッコ内はキーワード使用）	（一〇）	（九）	（八）
(3)　高齢社会	二五	二三	三〇
(4)　地域文化	一一	一〇	一九
(5)　ライフスタイル	一一	一〇	一四
合　計	一〇一	九三	一一六

出版科学研究所の発表によると、二〇〇九年の出版物販売額は、二〇年間続いた二兆円を割り込み、一・九兆円、返品率は四割を越えたということである。一方、出版点数は、七・八万点と過去最多で出版不況が続いている。

(1)　余暇関連

余暇、レジャーを冠した本は、以下の一冊である。例年二〜三冊はあったが、本年はどうしたのかと思う。観光関係は、毎年点数が増えている。

① 神田孝治編『レジャーの空間—諸相とアプローチ』ナカニシヤ出版
本書は、主として関西在住の三〇人の執筆者がレジャーという現象を読み解く空間論である。余暇関連は、スポーツが増えている。

② 仙田満『こどものあそび環境』鹿島出版会
③ 飛田範夫『江戸の庭園—将軍から庶民まで』京都大学学術出版会
④ 原田隆司『ポストボランティア論』ミネルヴァ書房
⑤ 原田宗彦、木村和彦編『スポーツ、ヘルスツーリズム』大修館書店
⑥ 佐竹弘靖『スポーツの源流』文化書房博文社
⑦ 山口有次『ディズニーランドの空間科学』学文社
⑧ A・H・ハートウッド　大村虔一訳『都市の遊び場』鹿島出版会
⑨ 平田竹男、中村好男編『トップスポーツビジネスの最前線』講談社

⑩ 小寺昇二『実践スポーツビジネスマネジメント』日本経済新聞社
⑪ 加賀美克美『ディズニーランドが教えてくれたお客様を大切に想う気持ち』こう書房
⑫ 中沢康彦『星野リゾートの事件簿』日経ＢＰ社

観光関連のものをリスト化してみた。

① 布山裕一『温泉観光の実証的研究』御茶の水書房
② 内藤錦樹『観光活性化のマネジメント』同文館出版
③ 中尾清　浦達雄編『観光学入門』晃洋書房
④ 北川宗忠編『現代の観光事業』ミネルヴァ書房
⑤ 神田孝治編『観光の空間―視点とアプローチ』ナカニシヤ出版
⑥ 布川文彦　鶴田雅昭編『観光の経営史―ツーリズムとホスピタリティ・ビジネス』関西大学出版会
⑦ 西村幸雄編『観光のまちづくり―まち自慢からはじまる地域マネジメント』自治体研究社
⑧ 内田純一編『観光の地域ブランディング』学芸出版社
⑨ 観光庁監修『観光地域づくり仕掛人』ぎょうせい
⑩ 佐藤俊雄『現代観光事業論』同友館
⑪ 鈴木　膳『観光後進国ニッポン海外に学ぶ』ＮＣコミュニケーション
⑫ 油川洋他編『新しい視点の観光戦略』学文社

⑬　観光政策学会編『観光学全集1　観光学の基礎』原書房
⑭　観光政策学会編『観光学全集9　観光政策論』原書房
⑮　宗田好史『創造都市のための観光振興』学芸出版社
⑯　安島博幸監『観光まちづくりのエンジニア』学芸出版社
⑰　松陰大学観光文化研究センター編『観光キーワード事典』学陽書房
⑱　M・K・スミス、M・ロビンソン編、阿曽村邦昭訳『文化観光論　上、下』古今書院
⑲　長澤均『昭和三〇年代モダン観光旅行』講談社
⑳　市川美貴『心を育てる地域観光・人間力の教育』明治図書出版

(2)　生涯学習

この分野は、例年と同じように生涯学習という名称の入った本と入っていないものとに分けてリスト化してみることにしたい。前者では以下の八冊である。二〇〇八年の九冊と比べてやや減っている。

①　小池源吾、手打明敏編『生涯学習社会の構図』福村出版
②　前田寿紀『未来志向の生涯学習』学文社
③　赤尾勝己『生涯学習社会の可能性―市民参加による現代的課題の講座づくり』ミネルヴァ書房
④　三輪建二『おとなの学びを育む―生涯学習と学びあうコミュニティの創造』鳳書房
⑤　黒沢惟昭『生涯学習とアソシエーション―三池、グラムシに学ぶ』社会評論社
⑥　瀬沼克彰『住民が進める生涯学習の方策』学文社

⑦　高橋満『ＮＰＯの公共性と生涯学習のガバナンス』東信堂
⑧　神山敬章、高島秀樹編『生涯学習概論』明星大学出版部

後者の本として、以下の一三冊がある。生涯学習のキーワードはないが、内容としては、関連図書としてリスト化してみた。

①　田中弥生『ＮＰＯ新時代―市民性創造のために』明石書店
②　瀬沼克彰『第二ステージの大学公開講座』学文社
③　三澤勝雄『地域からの教育創造』農村漁村文化協会
④　全国社会教育委員連合会編『住民参画による社会教育の展開―社会教育委員のあゆみと役割』美巧社
⑤　松下啓一『市民協働の考え方、つくり方』萌書房
⑥　岡原都『戦後日本のメディアと社会教育―婦人の時間の放送からＮＨＫ婦人学級の集団学習まで』福村出版
⑦　柴野昌山編『青少年、若者の自立支援―スクールワークによる学校、地域の再生』世界思想社
⑧　上田幸夫、辻浩編『現代の貧困と社会教育』国土社
⑨　松田武雄『現代社会教育の課題と可能性（新装版）』九州大学出版会
⑩　日本社会教育学会編『自治体改革と社会教育（年報53）』東洋館出版社
⑪　山本恒夫『社会教育計画』文憲堂

⑫　日本社会教育学会編『学びあうコミュニティを培う』東洋館出版社
⑬　西平直『世阿弥の稽古哲学』東京大学出版会

(3)　高齢社会

この分野についても、マクロ的なものとミクロ的なものの二分類に分けて列記してみることにしたい。マクロ的な内容のものは六冊である。

①　ベレカー、グルース、新井誠、桑折千枝子訳『老いの探究―マックス・クランク協会レポート』社会評論社
②　濱口晴彦編『自立と共生の社会学』学文社
③　堺屋太一編『日本、米国、中国　団塊世代』出版文化社
④　富士谷あつ子、伊藤公雄編『日本、ドイツ、イタリア　超少子高齢社会からの脱却』明石書店
⑤　牧野篤『シニア世代の学びと社会』勁草書房
⑥　A・ウォルガ、H・ヘネシー、山田三知子訳『イギリス高齢期における生活の質の探究』ミネルヴァ書房

後者、ミクロ的、個人の対応、生き方を扱った本をリスト化してみることにする。

①　金田義朗『定年後を楽しむ人、楽しめない人』洋泉社
②　大田正美『団塊ツアー』東京図書出版会

③　山崎武也『シニアこそ都会に住もう』ＰＨＰ研究所
④　旭丘光志『老いない生活術』実業之日本社
⑤　榊原節子『凛としたシニア』ＰＨＰ研究所
⑥　唐沢かおり　八田武士編『幸せな高齢者としての生活』ナカニシヤ出版
⑦　川井龍介『終の住処を探して』旬報社
⑧　生和寛『五〇歳からの男の嗜み』講談社
⑨　渋谷昌三『笑って老いを楽しもう』ぶんか社
⑩　沖藤典子『楽天力―上手なトシの重ね方』清流出版
⑪　玉木文憲『団塊はこれからだ』リトル・ガリバー
⑫　Ｄ・ブラウン、佐藤富雄訳『六〇歳からの満喫生活』三笠書房
⑬　金田義朗『定年後を楽しめる人、楽しめない人』洋泉社
⑭　西田小夜子『妻と夫の定年塾Ⅱ』中日新聞社
⑮　清家篤、長嶋俊三『六〇歳からの仕事』講談社
⑯　大室知博『これから定年後の落とし穴』講談社
⑰　佐藤富雄『人生の黄金期』大和書房
⑱　袖井孝子『高齢期は社会的弱者か』ミネルヴァ書房
⑲　岩崎正人『定年依存症―定年退職で崩れる人々』ＷＡＶＥ出版
⑳　大宮知信、長島俊三編『これが定年後の落し穴』講談社

㉑　勢古浩爾『定年後のリアル』草思社
㉒　竹内彦雄『定年からの道』鳥影社

(4)　地域文化

この分野は例年少くて、二〇〇八年は一〇冊であったが、二〇〇九年は一九冊と倍増している。

①　井上俊、伊藤公雄『ポピュラー文化』世界思想社
②　平野敏政編『家族、都市、村落生活の近現代史』慶應義塾大学出版会
③　C・ロジェク　渡辺潤　佐藤生実訳『カルチャースタディーズを学ぶ人のために』世界思想社
④　塩沢由典、小長谷一之編『まちづくりと創造都市』晃洋書房
⑤　有山輝雄『近代日本のメディアと地域社会』吉川弘文館
⑥　井上俊　伊藤公雄編『文化の社会学』世界思想社
⑦　小村眞理、片山泰輔編『アーツマネジメント概論』水曜社
⑧　福間良明、難波功士、谷本奈穂編『博覧の世紀』梓出版社
⑨　岡部一明『市民団体としての自治体』御茶の水書房
⑩　三船康道他『まちづくりキーワード事典』学芸出版社
⑪　高橋勇悦『地域社会の新しい共同とリーダー』恒星社厚生閣
⑫　風見正三『コミュニティビジネス入門』学芸出版社
⑬　高橋博『文化による地域づくり』晃洋書房

⑭ 森啓『文化の見えるまち』公人の友社
⑮ F・マンテル『超大国アメリカの文化力—仏文化外交官による全米調査レポート』岩波書店
⑯ 山崎丈夫編『地域コミュニティ論—地域分権への協働の構図』自治体出版社
⑰ 杉村和彦編『二一世紀の田舎学—遊ぶこと、作ること』世界思想社
⑱ 中谷常二、渡辺広之編『まちづくりの創造』晃洋書房
⑲ 堤マサエ、徳野貞雄、山本努他編『地方からの社会学—農と古里の再生をもとめて』学文社

(5) ライフスタイル

この分野は幅広く、解説のしかたによってはものすごい数の発刊リストになるだろう。以下はほんの一部の収録である。

① 斉藤嘉孝『親になれない親たち—子ども時代の原体験と親発達の準備教育』新曜社
② 岩崎俊一『幸福を見つめるコピー』東急エージェンシー出版部
③ 日本笑い学会編『笑いの世紀』創元社
④ 土井隆幸『キャラ化する、される子どもたち』岩波ブックレット
⑤ 瀬沼文彰『なぜ若い世代はキャラ化するのか』春日出版
⑥ 井上俊　伊藤公雄編『メディア、情報、消費社会』世界思想社
⑦ 星野修『市民社会の系譜学』晃洋書房
⑧ 地域流通経済研究所編『若者のライフスタイルと消費行動』地域流通経済研究所

⑨ 山岸俊男、吉岡範章『ネット過剰社会』NTT出版
⑩ J・バウマン、高橋良輔他訳『幸福論―生きづらい時代の社会学』作品社
⑪ 山口一男『ワークライフバランス』日本経済新聞社
⑫ 渡辺　峻『ワークライフバランスの経営学』中央経済社
⑬ 横澤彪『テレビの笑いを変えた男』扶桑社
⑭ 白戸洋編『まちが変わる　若者が育ち人が元気になる』松本大学出版会

2　二〇〇八年の余暇関連文献目録

二〇〇八年の余暇関連文献を例年のように、五分野に分けて目録を作成してみた。数的には、少しだけ減ったという感じはするが、それほど大きくは変わらない。

	二〇〇六年	二〇〇七年	二〇〇八年
(1) 余暇関連	三二	二六	三二
（カッコ内はキーワード使用）	（二）	（二）	（五）
(2) 生涯学習	一七	二〇	一九
（カッコ内はキーワード使用）	（一〇）	（七）	（九）
(3) 高齢社会	二五	二五	二三
(4) 地域文化	一一	一三	一〇

(5) ライフスタイル	一一	一三	一〇
合　計	一〇一	九三	九二

個別的に見ると、余暇は観光関係が増えているために例年並みの数になっている。生涯学習も同じ傾向だが、大型書店の棚は数年前と比べると、目立って点数が減っている。高齢社会には理論ものが少なく実践に役立つ本が多く販売されている。

(1) 余暇関連

余暇、レジャーを冠した本は、以下の五冊である。

①薗田碩哉『余暇の論理』叢文社
②山口有次『観光、レジャー施設の集客戦略』日本地域社会研究所
③下島康史『レジャー市場におけるエリアマーケティング研究』くんぷる
④瀬沼克彰『西洋余暇思想史』世界思想社
⑤瀬沼克彰『シニア余暇事業の展開』学文社

五冊の本の著者は、すべて日本余暇学会の会員である。この数年、余暇、レジャーを冠したものは、一年間に二～三冊ということであったから、二〇〇八年は珍しいくらい多いということができる。

一〇月に国土交通省に観光庁が開設された。この動きを追い風にして、観光関係者は、弾みをつけるように努力している。出版については一七冊が刊行された。

①須藤廣『観光化する社会—観光社会学の課題』ナカニシヤ出版
②河村誠司『観光経済学の原理と応用』九州大学出版会
③久保田美穂子『温泉地再生』学芸出版社
④大社充『体験交流型ツーリズムの手法』学芸出版社
⑤北川宗忠編『観光・旅行用語辞典』ミネルヴァ書房
⑥山岸健、山岸美穂『日常生活と旅の社会学』慶應義塾大学出版会
⑦寺崎秀一『観光政策学』イプシロン出版企画
⑧奥野一生『新・日本のテーマパーク研究』竹林館
⑨米沢信男『現代観光のダイナミズム』同文館出版
⑩鈴木勝『観光立国日本事始め』ＮＣコミュニケーション
⑪羽田耕治『地域振興と観光ビジネス』ＪＴＢ能力開発
⑫井口貢、佐藤喜子光編『観光学への扉』学芸出版社
⑬菊池俊夫編『観光を学び楽しむ事から始まる観光学』二宮書店
⑭佐藤郁郎『観光と北海道経済』北海道大学出版会
⑮額賀信『地域観光戦略』日刊工業新聞社
⑯砂本文彦『近代日本国際リゾート—一九三〇年代の国際観光ホテル』青弓社
⑰高向巌『北海道経済の針路—新幹線と起業』北海道新聞社

次にスポーツ、遊び、娯楽関係、ボランティアの本をリスト化してみた。

①大谷善博、三本松正敏『かわりゆく日本のスポーツ』世界思想社
②関嘉寛『ボランティア社会が拓く新しい社会』梓出版社
③村上和夫、長田佳久編『楽しみを解決する』現代書館
④原田宗彦編『スポーツマーケティング』大修館書店
⑤服部勝人『ホスピタリティ学のすすめ』丸善
⑥青木宏一郎『軍国昭和庶民の楽しみ』中央公論新社
⑦阿部潔『スポーツの魅惑とメディアの誘惑』世界思想社
⑧びわこ成蹊スポーツ大学編『スポーツ学のすすめ』大修館書店
⑨山口大学時間学研究所編『時間学概論』恒星社恒星閣

(2)　生涯学習

この分野は、例年二つに分類している。前者は、生涯学習を書名に冠しているもの、後者は、冠していないのが、内容的に扱われているものである。前者についてリスト化すると、以下の九冊である。

①J・プショル、J・M・ミニヨン、岩橋恵子監訳『アニマトゥールーフランスの生涯学習の担い手』明石書店
②香川正弘、鈴木眞理、佐々木英和編『よくわかる生涯学習』ミネルヴァ書房
③田中雅文、坂口緑、柴田彩千子、宮地孝宜『生涯学習―学びがつむぐ新しい社会』学文社

④神野善治編『ミュージアムと生涯学習』武蔵野美術大学出版局
⑤佐々木正剛『生涯学習社会と農業教育』大学教育出版会
⑥黒澤惟昭『生涯学習と市民社会―自分史から読み解く教育学の原点』福村出版
⑦瀬沼克彰『人気を呼ぶ協創・協働の生涯学習』日本地域社会研究所
⑧同志社大学教育文化学研究室編『教育文化交流からみた学校教育と生涯教育』明石書店
⑨久保喜邦『生涯学習しませんか―定年退職者の生き方』東洋出版

後著の書籍をリスト化してみることにする。

①姉崎洋一『高等継続教育の現代的展開』北海道大学出版会
②遠藤克弥『教育の挑戦、国際化、多文化化』勉誠出版
③島田修一、辻浩編『自治体の自立と社会教育』ミネルヴァ書房
④小林繁『現代社会教育―生涯学習と社会教育職員』クレイン
⑤大串隆吉『社会教育入門』有信堂
⑥長沼豊『新しいボランティア学習の創造』ミネルヴァ書房
⑦国立女性教育会館『時代を拓く女性リーダー』明石書店
⑧日本社会教育学会編『ローカルな知の可能性』東洋館出版社
⑨斉藤諦淳『教育改革の展開』武蔵野大学出版会
⑩五島敦子『アメリカの大学開放―ウィスコンシン大学拡張部の領域と展開』学術出版社

(3)　高齢社会

この分野は、例年マクロ的な内容と個人の問題を扱ったミクロ的なものを二つに分類してリスト化してきた。しかし本年はどういうわけか、理由はわからないのだが、マクロ的なものが見つからなかった。

①W C・コッケルハイム、中野進監訳『高齢化社会をどうとらえるか』ミネルヴァ書房
②白石浩一『豊かに老いを生きる人生哲学』海竜社
③小谷朋弘、江頭大蔵編『高齢社会を生きる』成文堂
④昇幹夫『六〇歳から老齢な生き方』保険同人社
⑤袖井孝子『女の活路　男の末路』中央法規
⑥近藤裕『生涯青春―定年後の人生を楽しむ習慣』河出書房新社
⑦河北義則『五五歳からの一番楽しい人生の見つけ方』三笠書房
⑧望月苑巳『団塊力』音羽出版社
⑨三宅隆之『団塊世代の自分探し』ファーストプレス
⑩鈴木康央『再び叛逆する団塊』駒草出版
⑪金美齢『老後は人生の総決算』海竜社
⑫読売新聞生活情報部編『ゆうゆうライフご指南帳』生活書館
⑬三浦朱門『五〇歳からの人生力』海竜社
⑭シニア社会学会監修『定年力』三笠書房

⑮藤岡改造『美しき老後を迎えるために』ほうずき書籍
⑯石寒太『芭蕉の晩年力』幻冬舎
⑰池田知隆『団塊青い鳥』現代書館
⑱野末陳平『ちょいぼけ迷走紀』青春出版社
⑲佐伯啓思他『共同研究　団塊とは何か』講談社
⑳青木洋耳『生涯現役キャリア作戦』朱鳥社
㉑江波戸哲夫『団塊世代の二万二千日』リベラルタイム社
㉒武田専『定年と第二の人生』元就出版社
㉓E・プラスカー、実川元子『一〇〇歳までの人生戦略』WAVE出版

(4)　地域文化

この分野は、コミュニティ、町づくりなどのテーマを収録している。

①三好和代、中島克己編『二一世紀の地域コミュニティを考える』ミネルヴァ書房
②古賀弥生『芸術文化が町をつくる—地域文化の政策の担い手たち』九州大学出版会
③塩沢由美、長谷川一之編『街づくりと創造都市』晃洋書房
④野田邦弘『創造都市、横浜の戦略』学芸出版社
⑤ソメシュ・クマール『参加型開発による地域づくりの方法』明石書店
⑥細内信孝『がんばるコミュニティビジネス』学陽書房

⑦松田昇、他編『市民学の挑戦』梓出版社
⑧井上宏編『上方文化を探索する』関西大学出版部
⑨L・M・サラモン　江上哲監訳『NPOと公共サービス』ミネルヴァ書房
⑩山上徹『ホスピタリティ精神の深化―おもてなし文化の創造に向けて』法律文化社

(5)　ライフスタイル

この分野は、幅広い内容を含んでいる。一年間に相当数の本が出ているから調べ方によっては大変な数になると思う。

①高田公理他『嗜好品文化を学ぶ人のために』世界思想社
②高田公理他『睡眠文化を学ぶ人のために』世界思想社
③渡辺康麿『誰でもできる自己発見法』ミネルヴァ書房
④江見明夫『笑いが日本を救う』日本教文社
⑤瀬沼文彰『笑いの教科書』春日出版
⑥今津孝次郎『人生時間割の社会学』世界思想社
⑦羽渕一代編『どこか問題化される若者たち』恒星社厚生閣
⑧井上俊、伊藤公雄編『都市的世界』世界思想社
⑨片瀬新自『不安定社会の中の若者たち』世界思想社
⑩木島賢『格差社会の人間論』東海大学出版会

著者紹介

瀬《せ》 沼《ぬま》 克《よし》 彰《あき》

東京都八王子市生まれ。横浜国立大学社会学科卒。国際基督教大学大学院修士課程を経て，青山学院大学大学院教育学研究科博士課程修了。㈶日本余暇文化振興会主任研究員，文部省生涯学習局社会教育官，宇都宮大学生涯学習教育研究センター副センター長，桜美林大学生涯学習センター長・教授を歴任。現在，桜美林大学名誉教授，㈶日本生涯学習総合研究所理事，NPO 法人全国生涯学習ネットワーク副会長，日本余暇学会顧問，人間科学博士（早稲田大学）

著書

「余暇教育の研究」（全５巻）	学文社
『余暇ライフと生涯学習』	第一法規出版
「生涯教育の研究」（全５巻）	学文社
『地域を生かす生涯学習』	ミネルヴァ書房
『生涯学習と行政および民間の役割』	ダイヤモンド社
「余暇文化の研究」（全５巻）	学文社
『余暇の生涯学習化への挑戦』	ぎょうせい
『生涯学習事業の最前線』	教育開発研究所
『生涯学習と地域ルネッサンス』	全日本社会教育連合会
『生涯学習時代の到来』	日本地域社会研究所
「余暇と生涯学習の推進」（全５巻）	学文社
『日本型生涯学習の特徴と振興策』	学文社
『現代余暇論の構築』	学文社
『団塊世代の余暇革新』	日本地域社会研究所
『西洋余暇思想史』	世界思想社

住所　〒192-0051　東京都八王子市元本郷町3-5-20

[21世紀の生涯学習と余暇]
高齢者の生涯学習と地域活動

2010年11月10日　第１版第１刷発行

著　者　　瀬 沼　克 彰

発行者　田中　千津子
発行所　株式会社 学 文 社

〒153-0064　東京都目黒区下目黒3-6-1
電話　03（3715）1501 ㈹
FAX　03（3715）2012
http://www.gakubunsha.com

印刷所　新灯印刷
製本所　小泉企画

ISBN978-4-7620-2113-8